Dieses Buch gehört:

....

Brunnenstraße 7, D-34286 Spangenberg
Tel.: 05663-280, Fax: 05663-6562
E-Mail: fischer-nagel@t-online.de, URL: www.fischer-nagel.de

Für die freundliche Überlassung der Fotos auf Seite 28 u.l., 29 o.r + u.l.
danken wir der Firma TRIXIE Heimtierbedarf GmbH & Co. KG;
Fotos Seite 43: www.fotofeeling.de;
alle übrigen Fotos und Layout: Andreas Fischer-Nagel
Gesetzt in der Helvetica 14 Punkt
Druck: Printing Partners OU, Riga, Latvia

ISBN 978-3-930038-30-5

Heiderose und Andreas Fischer-Nagel

Zwergkaninchen

Verlag Heiderose Fischer-Nagel

Kaninchen sind lustige und muntere Heimtiere. Unermüdlich hoppeln sie durch ihr Gehege, springen herum oder graben mit ihren winzigen Pfoten in der Erde. Innerhalb kürzester Zeit buddeln sie kleine Mulden und wenn du nicht aufpasst, wird daraus schnell ein kleiner Tunnel hinaus in die Freiheit. Als Kaninchenbesitzer musst du ständig überprüfen, ob dein Gehege »kaninchensicher« eingezäunt ist.

Wenn ich Zeit habe, setze ich mich mitten hinein in die Kaninchenmeute und halte kleine Leckerlis für sie bereit. Dann sind sie neugierig und zutraulich und kommen schnell herbeigehoppelt. Die meisten Kaninchen sind tatsächlich keine »Angsthasen«. Sie fressen uns aus der Hand und mögen es, gestreichelt zu werden. Außerdem sind sie schlau, viel schlauer als ihre Vorfahren. Man kann ihnen beibringen, über Hindernisse zu springen, Slalom zu laufen oder Leckereien in einem Laybyrinth zu finden.

Seit mindestens zwei Millionen Jahren leben Kaninchen als Heimtiere bei Menschen auf der ganzen Welt. Die Zuchtformen, die uns heute in allerlei Farben und Größen begegnen, stammen ursprünglich vom Wildkaninchen ab. Alle Kaninchen gehen auf diese Stammform zurück.

Als die Menschen erkannten, dass sich Kaninchen viel leichter züchten ließen als Hasen, nahmen sie zusätzlich Einfluss auf die Entwicklung der Kaninchen und paarten Tiere, die besonders schönes Fell oder andere gute Eigenschaften besaßen. Bestimmt hast du schon von den kuscheligen Angora-Kaninchen gehört, deren Wolle man für ganz weiche Kleidungsstücke verarbeiten kann oder von Kaninchen mit Hängeohren. Aber Kaninchen sind keine Hasen, auch wenn wir das immer so sagen.
Kaninchen sind kleiner als Hasen, haben öfter im Jahr Junge und bauen ihre Nester am liebsten unterirdisch. Ihre kleinen kurzen Ohren sind für Zwergkaninchen typisch und wenn du mal ein junges Kaninchen kaufst, das lange Ohren hat, weißt du von nun an, dass dies ein sehr großes werden kann!

Kleine Tiere haben immer viele Feinde. Das war schon immer so. Nicht nur Raubtiere stellen ihnen nach. Im Mittelalter gingen auch Menschen auf Kaninchenjagd! Bis heute stehen sie auf unserem Speiseplan und es gibt leider noch viele, die als Versuchskaninchen bei wissenschaftlichen Experimenten ein schlimmes Dasein fristen.
Grund genug, einmal zu zeigen, wie pfiffig und lustig diese Tiere sind!

Ein Frauchen für Fritze

Unser Farbenzwerg-Kaninchen Fritze ist heute ganz aufgeregt. Er darf auf der großen Gänseblümchenwiese herumspringen. Da gibt es so viel zu sehen und es ist hier viel spannender als in seinem Stall. Vergnügt hoppelt er hin und her. Ab und zu hält er inne, richtet sich auf und schnuppert in die Gegend. Kleine Kaninchen müssen vorsichtig sein, schließlich könnte ja aus der Luft ein Greifvogel, wie zum Beispiel ein Habicht kommen, der Appetit auf so einen Kaninchenzwerg hat. Aber die Luft ist rein.
Plötzlich macht Fritze Männchen. Was war denn da? Er hat etwas gehört und

gerochen, was ihm gut gefallen hat. Wir haben nämlich eines von unseren Weibchen mit in die Wiese gesetzt.
Aurelia soll dieses Jahr zum ersten Mal Mutter werden. Fritze hat die hübsche Kaninchenfrau bereits gesichtet und hoppelt nun munter auf sie zu.
Ein »Rammler«, das Kaninchenmännchen, und die »Häsin«, wie das Kanin-

chenweibchen irreführend genannt wird, sind schon drei bis vier Monate nach ihrer Geburt geschlechtsreif. Zur Paarung sollten die Tiere jedoch möglichst ausgewachsen sein. Unsere beiden sind bereits zwei Jahre alt.

Aurelia ist zunächst gar nicht so begeistert von Fritzes Annäherungsversuchen. Sie zwickt und beißt ihn, schlägt Haken und hoppelt über die Wiese davon. Klein-Fritze bleibt ihr dicht auf den Fersen. Für die Tiere ist das Kennenlernen auf einer Wiese natürlich besonders schön und viel stressfreier, als wenn sie in ihren Ställen verpaart werden.
Dafür gibt es auch bestimmte Regeln, z.B. dass man immer die Häsin zum Rammler bringt und nicht umgekehrt, denn dann ist sie friedlicher.

Kaninchenhochzeit

Von so viel Freiheit und Gehoppel sind die beiden Kaninchen bald erschöpft. Aurelia hat sich ins Gras gestreckt und Fritzchen nutzt die Gelegenheit, sie ausgiebig zu beschnuppern. Mit seiner Zunge leckt er über ihr weiches Fell. Längst hat er bemerkt, dass Aurelia paarungsbereit ist. Wie gut, dass er sein Revier markiert hat und gerade kein anderes Männchen in Sicht ist.

Kaninchen markieren nicht nur mit Kotkügelchen und Urin ihr Revier, sondern besitzen auch andere Duftdrüsen am Kinn, mit denen sie deshalb überall entlangstreifen.

Fritze hebt sein kleines Schwänzchen in die Höhe und zeigt damit, wie aufgeregt er ist. Bald sitzen beide Nase an Nase, belecken gegenseitig ihre Köpfchen und Ohren. Wie zärtlich sie miteinander umgehen! Eine Kaninchenehe hält übrigens ein ganzes Leben lang!

Schau nur, jetzt halten die beiden Hochzeit!
Der Rammler springt auf den Rücken des Weibchens und umklammert es mit seinen Vorderbeinen. Innerhalb weniger Sekunden »deckt« er Aurelia und spritzt ihr seinen Samen ein. Die Begattung ist beendet, wenn der Rammler an der Häsin hinabgleitet und einen Moment ganz starr liegen bleibt.

Kaninchenbabys

Bald bekommt Aurelia ein kleines Bäuchlein. In ihrem neuen, viel größeren Stall bereitet sie sich auf die Geburt vor, indem sie aus Heu und Stroh ein Nest baut. Damit es darin weich und warm ist, rupft sie sich kurz vor der Geburt noch etwas von ihrem Bauchfell aus.

Nach 28 bis 31 Tagen ist die Tragzeit zu Ende. Aurelia zieht sich in ihr Nest zurück. In der freien Natur nennt man die Nester »Setzröhre« oder »Brutkessel«. Das Nest für die Kleinen muss warm und trocken sein, denn sie kommen nackt, taub und blind auf die Welt.

Kaum sind sie da, heißt es aufgepasst, denn Aurelia springt uns wütend an und verteidigt ihre 40 bis 50 Gramm leichten Jungen. Drei sind es, wie wir kurz sehen können. Eines scheint ein wenig schwach zu sein.

Endlich aus dem Nest!

Kaninchenmütter sind sehr empfindlich und brauchen Ruhe. Wir versorgen Aurelia mit frischem Wasser, Heu und Futter und sind neugierig, wann wir ihre Jungen zu Gesicht bekommen. Nach vierzehn Tagen ist es soweit.
Winzige Minikaninchen strecken ihren Kopf aus dem Heu. Sie machen gerade ihre Augen auf. Zuerst sind es nur kleine Schlitze, aber schon nach wenigen Stunden schauen sie neugierig aus dunklen Knopfaugen in die Welt. Die Jungen werden von ihrer Mutter gesäugt. Doch wo ist das dritte Kaninchenkind?
Wir finden es tot im Nest. Es war zu schwach. Die anderen zwei sind fit und fröhlich. Wir wissen noch nicht, welches Geschlecht sie haben. Weil das bei kleinen Kaninchenkindern schwierig festzustellen ist, nennen wir sie »Braunchen« und »Weißpfötchen«.
Aurelia putzt ihre Kinder jeden Morgen und Abend. Anschließend deckt sie das Nest sorgfältig zu.

Kaninchenspiele

Im »Mutter-Kind-Auslauf« spielen Aurelias Kinder vernügt miteinander. Sie haben sich in der Rindenrolle versteckt und beschlossen, dass jedes einen Ausgang bewacht. Doch was ist das? Der leichte Tunnel rollt. Aufgeregt gucken sie aus der Röhre und lauschen. Es ist Aurelia, die da den Borkentunnel ein wenig weiterrollt.
Ob die beiden dabei darin sitzen bleiben?

Kaninchenkinder spielen gerne. Fröhlich hoppeln die Kleinen durch ihr Gehege, schlagen Haken, putzen sich gegenseitig, kuscheln sich aneinander und fangen an zu graben.
Oh, wie man da aufpassen muss! Ganz schnell buddeln sie mit ihren winzigen Pfötchen Löcher. Sind sie zu nahe am Rand des Geheges, kann es passieren, dass sie sich einen Gang hindurch in die Freiheit graben. Da musst du ganz schön aufpassen!

Besuch am Kinderauslauf

Braunchen und Weißpfötchen hoppeln neugierig umher. Wer wohnt denn noch hier? Ist das Papa? Um besser sehen zu können, richtet sich Weißpfötchen auf und schiebt die Nase durch das Gitter.

Das ist Max.
Er ist ja viel größer als Papa Fritze.
Mit der kleinen Stupsnase berühren sich die beiden. Mama Aurelia kommt dazu. Ob sie Max mag? Er gehört zu den mittelgroßen Kaninchen und hat längere Ohren als Aurelia. Aber wie alle Kaninchen hat er den typischen Kaninchenkopf mit rundlicher Stirn, großen Augen, Bart und Stupsnase. Sein Fell ist bunt gefleckt und nicht so unscheinbar braun wie das seiner Vorfahren, der Wildkaninchen. Kaninchen sind Rudeltiere und leben am liebsten in großen Kolonien. Einzelhaltung bedeutet also Tierquälerei! Du solltest dir in jedem Fall zwei Kaninchen anschaffen, möglichst zwei gleichgeschlechtliche aus einem Wurf, damit es weder Nachwuchs noch Kämpfe gibt.

Hmm, wie das schmeckt! Löwenzahn ist für unsere Kaninchen das Allerleckerste, was es auf der Welt gibt. Sogar die süßen Möhrchen lassen sie dafür liegen.

Mit ihren Zähnen schnappen sie Blatt für Blatt, drehen es so, dass sie die Spitze zuerst fassen und ziehen eines nach dem anderen mümmelnd und blitzschnell in ihr Maul. Dabei kauen und schlucken sie in einem.

Was Kaninchen gerne fressen

Wusstest du, dass Kaninchen nicht zu den Nagetieren gehören? Obwohl sie richtige Nagezähne haben zählen sie zu den »Hasenartigen«. Sie kauen ganz anders und können mit ihren Vorderfüßen nicht greifen, sondern nur laufen, graben und sie als Waffen benutzen.

Die Nahrung von Kaninchen sollte möglichst abwechslungsreich sein. Sie mögen außer Körnerfutter besonders gern

Heu und frisches Gemüse. Dazu gehören Wildkräuter, wie Löwenzahn, Pfefferminze oder Kamille.
Sie lieben Äpfel, Karotten, Mais, Grünkohl, Kohlrabi, Petersilie, Paprika und die verschiedensten Salatsorten. Nicht aufgegessenes Frischfutter solltest du immer entfernen, denn davon können Kaninchen Bauchweh bekommen. Unerlässlich ist frisches Wasser. Ab und zu freuen sie sich auch über ein Stückchen altes, trockenes Brot.
Schön sauber bleibt das Heu, wenn du eine kleine Futterraufe hast und deine Kaninchen nicht darin herumspringen.
Füttern macht natürlich Spaß. Aber aufgepasst: Bei zu viel Futter und zu wenig Bewegung wird das Kaninchen krank.
Die Unterbringung und Haltung sollte genau zur Lebensweise der Kaninchen passen: Sie brauchen viel frische Luft, viel Platz, um sich auszutoben, und eine geschützte Ecke, in die sie sich verkriechen können. Kaninchen sind sehr saubere Tiere. Haben sie Platz genug, benutzen sie hauptsächlich ein Eckchen als Toilette.

Bei unseren Kaninchen ist es so, dass es einige Feinschmecker gibt, die leider nicht alles fressen. Aber das macht ja nichts, wir essen ja auch nicht jeder alles!

Kaninchensprache

Kaninchen haben viele Möglichkeiten, sich ihren Artgenossen oder uns mitzuteilen. Man erkennt ganz genau, ob sich Kaninchen untereinander gut leiden können oder nicht.
Du siehst es an ihrer Körperhaltung.
Wenn eines angespannt dasitzt und sein Schwänzchen in die Höhe reckt, bedeutet das »große Aufregung«.
Sollte es nun noch die Ohren nach hinten legen, musst du vorsichtig sein, denn plötzlich könnte das harmlose Kaninchen vorspringen, um dich in den Finger zu zwicken oder um mit seinen scharfen Krallen zu kratzen.

Reibt es aber sein Kinn am Futternapf oder an der Tränke, ist es sehr zufrieden und markiert gerade sein Revier.
Denn alles, was nach ihm riecht, ist auch »sein Revier«.
Ein zahmes Kaninchen, das dich mag, leckt an deiner Hand und stupst dich mit der Nase an. Es ist seine Art, dich zu streicheln.

Zu bestimmten Zeiten am Tag ruht das Tier und möchte nicht gestört werden. Lang ausgestreckt liegt es da, hat die Augen manchmal geschlossen und schläft zufrieden.

Neben ihrer Körpersprache besitzen Kaninchen eine Lautsprache. Hast du deines schon einmal »knurren« gehört? Das klingt böse und jeder weiß, dass ein knurrendes Kaninchen ganz schlechte Laune hat.
Doch aufgepasst: Auch kranke Kaninchen knurren manchmal.
Auf dem Bild rechts siehst du den kleinen Ben. Er hat ein blaues und ein braunes Auge. Ben lässt sich gerne streicheln und knirscht dabei wohlig mit den Zähnen. Wenn ihm das Streicheln auf dem Arm aber zuviel wird, fängt er an zu fiepen. Ganz leise ist das und kaum zu hören. Er will uns sagen: „Lasst mich jetzt in Ruhe!“

In der Box nebenan haben wir die beiden Weibchen Ida und Luise untergebracht. Aus dieser Box hört man es manchmal brummen.
Was tun sie nur?
Wir beobachten, wie Luise Nistmaterial zu einem Nest zusammenschiebt. Kaninchen können bis zu sechsmal im Jahr Junge bekommen. Da es oft auch viele Tiere pro Wurf sind, entstand übrigens der Ausspruch: »Sie vermehren sich wie die Karnickel«. Aber Ida und Luise können ja keine Kaninchenbabys bekommen.

Die Kaninchenwohnung

Auf einmal saust ein Kaninchen herum und schlägt mit den Hinterbeinen auf den Boden. Es hat sich erschreckt und »klopft«.

Nur in allergrößter Not schreien Kaninchen laut und durchdringend, z.B. wenn sie plötzlich und unerwartet gepackt werden oder großen Schmerz empfinden.

Beim Saubermachen des Kaninchenstalls kontrollieren wir, ob sich die Krallen gut abgenutzt haben. Sie dürfen keinesfalls zu lang werden und müssen – wenn notwendig – geschnitten werden. Aber das kennst du ja von deinen eigenen Finger- und Fußnägeln. Bei der Gelegenheit schauen wir auch in die Ohren. Alles ist gut, wenn diese sauber sind. Nach dieser Kontrolle haben sich die Kaninchen einen Ausflug verdient.
Je größer der Auslauf und das Häuschen, umso glücklicher sind die Kaninchen.

Leider hat nicht jeder Kaninchenbesitzer so viel Platz in seinem Garten oder in seiner Wohnung. Wer nur einen Zimmerkäfig hat, muss die Tiere unbedingt täglich im Zimmer herumlaufen lassen. Dabei ist es wichtig, sie im Auge zu behalten, damit sie nicht etwa Stromkabel anfressen oder durch andere Dinge zu Schaden kommen.
Es gibt viele Menschen, die wunderschöne Gehege und Ausläufe für ihre Kaninchen bauen. Es gibt Tunnel, Brücken und Höhlen, kleine Hindernisse und Holzspielzeug. Kaninchen benagen ab und zu auch ein paar frische Äste von Obstbäumen. Schließlich müssen die Kaninchenzähne immer etwas zu tun haben.

Hat man nicht genug Grundfläche, lässt sich auch in einer Zimmerecke ein großer Stall bauen. Er geht einfach wie ein Hochhaus in die Höhe. Es macht Spaß zu sehen, wie die Kaninchen von einer Etage in die andere rennen.
Selbstgebaute Kaninchenställe und abwechslungsreiche Gehege sind einfach etwas Besonderes, egal ob sie in der

Wohnung oder im Garten sind. Manche Zwerge bleiben auch im Winter draußen. Sie brauchen dann unbedingt ein frostfreies oder leicht zu erwärmendes Häuschen.
Auch einige Tiergehegehersteller, wie die Firma TRIXIE (Bilder S. 28 unten links u. S. 29 unten links und rechts) bieten tolle Kaninchenhäuser und Ausläufe zum Kauf an. Sie sind stabil und halten viele Jahre lang, denn in einem so kleinen

Käfig wie du ihn oben links siehst, sollte auch ein Zwergkaninchen nicht auf Dauer leben müssen!

Kaninchenwäsche

Von Kopf bis Po misst ein Zwergkaninchen 35 bis 45 Zentimeter und erreicht ein Gewicht bis ungefähr drei Kilogramm. Das ist von der Rasse abhängig. Doch ob groß oder klein, im Verhalten sind sie alle gleich. Neugierig beschnuppern sie alles und reiben ihren Kopf daran, um ihren Duft zu verbreiten.
Zeit sich zu putzen. Ben zeigt dir, wie das geht: Mit beiden Pfötchen putzt er seine Stupsnase. Dabei sitzt er gemütlich auf seinem Po. Wasser mögen Kaninchen übrigens gar nicht, auch wenn sie zur Not schwimmen können.

Guck mal, wer da rennt!

Guck mal, der Augustin! Das ist ein ganz schneller! Kaum im Freilauf spitzt er die Ohren und hoppelt blitzschnell durch die Wiese. Fast sieht es aus, als ob er »die Hinterbeine in die Hand nimmt«.

Die Bildfolge unten zeigt dir seine Bewegung innerhalb von zwei Sekunden! Es ist also gar nicht so leicht, den kleinen Flitzer wieder einzufangen!
Je nachdem, wie schnell sich das Kaninchen bewegt, kannst du im Sand unterschiedliche »Trittsiegel« (Spuren) erkennen. Du weißt dann genau, ob hier eines nur langsam langgehoppelt oder aber schnell unterwegs gewesen ist.
Je schneller es läuft, umso mehr sind die Abdrücke der einzelnen Füße voneinander entfernt. Kaninchen sind Kurzsprinter. Sie bringen sich schnell und auf dem kürzesten Weg im Bau in Sicherheit.

Trotz ihrer Schnelligkeit sind Kaninchen eine leichte Beute für unsere heimischen »Jäger«. Zu ihnen gehören der Fuchs und vor allem natürlich Greifvögel, die einfach von oben auf die ahnungslosen Tiere herabstürzen und sie mit ihren Krallen packen.
Draußen musst du deshalb das Gehege unbedingt von oben schützen. Ein Netz

verhindert, dass Greifvögel deine Kaninchen fangen.
Grundsätzlich braucht es Versteckmöglichkeiten, wie kleine Häuschen, Tunnel oder Höhlen. Manchmal, wenn die Kaninchen viel Platz zur Verfügung haben, bauen sie sich selbst unterirdische Gänge, in die sie sich verkriechen können. Sehr wichtig ist ein Schattenplätzchen, da ein Kaninchen nicht zu viel Sonne verträgt. Wie wir Menschen können sie einen Hitzschlag bekommen.
Kaninchen, die nicht genug Bewegung haben, werden leicht fett und krank. Ihre Muskeln verkümmern. Dabei haben sie bei guter Pflege und artgerechter Haltung eine Lebenserwartung von sieben bis zehn Jahren.

Die Überraschung

Na, da haben wir wohl nicht richtig auf Fritze aufgepasst. Irgendwie hat er es geschafft und sich erneut mit Aurelia gepaart.
Wo ist sie überhaupt? Sie hat sich wieder in ihr Häuschen zurückgezogen und bringt gerade ihren zweiten Wurf zur Welt. In ihrem schönen Heunest mit der ausgerupften Bauchwolle liegen die Kleinen warm und trocken. Wie viele es wohl diesmal sind?

Wer Kaninchen züchtet weiß, wie schnell sie sich vermehren. Fünf bis sieben Würfe kann es pro Jahr geben und es können bis zu zehn Junge sein. Rechtzeitig muss man deshalb die Jungen von der Mutter trennen und sie nach Geschlecht sortieren. Ganz schnell hat man sonst eine unüberschaubare Menge an Tieren.

In Australien gab es von 1859 bis 1890 eine schlimme Kaninchenplage. Die dort 1787 ausgesetzten 24 Tiere hatten sich

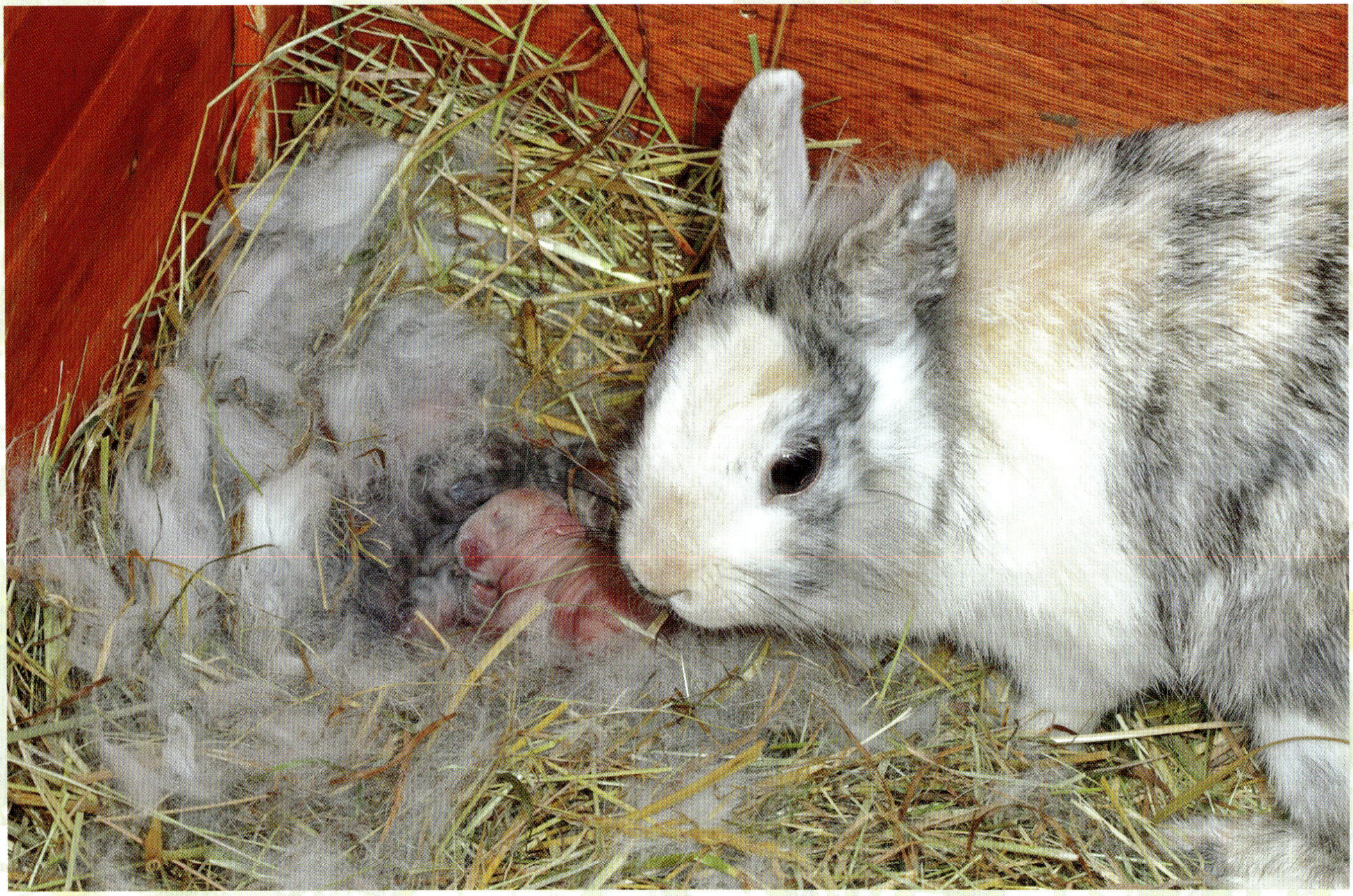

so sehr vermehrt, dass sie tatsächlich zur Plage wurden. 20 Millionen Kaninchen sollen sich damals durch den australischen Kontinent gebuddelt haben! Sie fanden ideale Lebensbedingungen und hatten keine natürlichen Feinde.

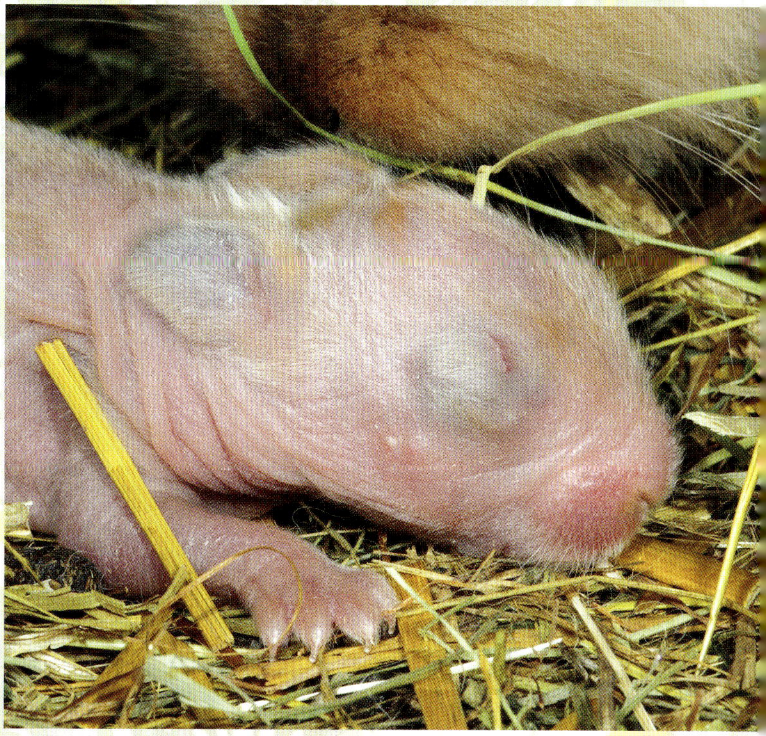

Diesmal ist Aurelia viel ruhiger und lässt uns in ihr Nest gucken. So können wir beobachten, wie innerhalb weniger Tage aus den hilflosen, nackten und blinden Jungen muntere Tiere werden. Schau nur, wie wohlgenährt und kräftig sie aussehen!
Weißt du, wie viele es sind?

Neugierige Kaninchenkinder

Nach sechs Tagen ist gut zu erkennen, wie die Jungen gefärbt sind, denn ihr Fell ist schon überall gewachsen.

Einige Tage später kriechen sie wackelig herum und haben keine Lust mehr, in dem von der Mutter sorgsam abgedeckten Nest zu bleiben. Sie nutzen jede Gelegenheit, einmal hinauszulugen.
Ab dem 10. Tag hält sie nichts mehr im warmen Kuschelnest. Sie wollen die Umgebung, ihren Wurfstall, erkunden.
Mit ihren kleinen Zähnchen nagen sie an Heu und Möhren herum.

Sie haben übrigens die echten kleinen Zwergkaninchenohren, die nur reinrassige Tiere haben. Ohren von Mischlingen sind immer ein klein wenig länger. Aber ob nun reinrassig oder Mischling – liebenswert sind sie alle.
Kaninchenrassen werden nach Gewicht unterteilt. Es gibt große Rassen mit fünf bis sieben Kilogramm Gewicht, sogenannte Riesenkaninchen, wie z.B. »Deutsche Riesenschecke« und »Weiße Riesenkaninchen«.
Zu den mittelgroßen Rassen zählen z. B. die »Blauen Wiener«, »Japaner« und »Meißner Widder«. Sie erreichen ein Gewicht von drei bis fünf Kilogramm.

Kleine Rassen mit zwei bis dreieinhalb Kilogramm wie »Lohkaninchen« und »Holländer« sind sehr beliebt.

Unsere Zwerge wiegen zwischen ein und eineinhalb Kilogramm. Es sind »Farbenzwerge«, die es in vielen Schattierungen gibt.

So ein Pech!

Nicht immer klappt alles so gut wie man sich das wünscht. Bei unseren Nachbarn ist die Kaninchenmutter kurz nach der Geburt ihrer Jungen gestorben.

Die Aufzucht kleiner, verwaister Kaninchenkinder ist eine schwierige, zeitaufwändige und schlafraubende Herausforderung. Auch bei größter Mühe und Sorgfalt muss man leider damit rechnen, dass auch mal eines stirbt.
Am allerwichtigsten ist natürlich gleichmäßige Wärme und eine geeignete Aufzuchtmilch, die man den Jungen mit einer kleinen Spritze vorsichtig einflößt, an der man statt der Kanüle (Nadel) ein ganz dünnes Schläuchlein befestigt. Sofern die Kleinen gut saugen, kann man auch ein Puppenfläschchen nehmen.

Alle zwei Stunden müssen Kaninchenwaisenkinder gefüttert sowie täglich gewogen werden. Außerdem solltest du darauf achten, dass sie eine gute und regelmäßige Verdauung haben. Doch selbst bei größter Geduld und Pflege entwickeln sich die Tiere nicht immer gut. Ohne Erfahrung und ohne die Beratung des Tieraztes sollte man unbedingt die Finger davon lassen.

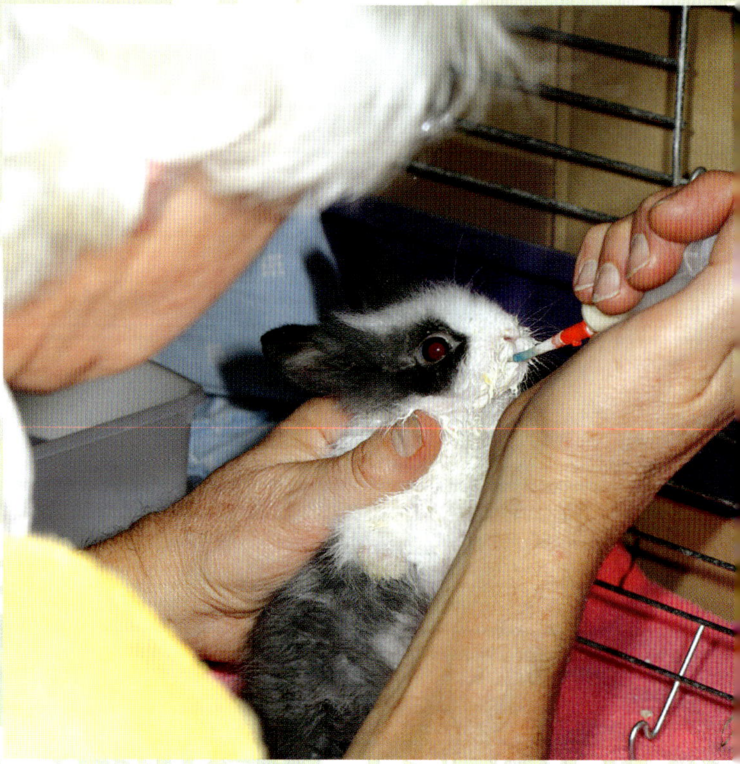

Wir haben Glück gehabt! Schwarzöhrchen und Brauni haben sich gut entwickelt. Da freut man sich, wenn sie unternehmungslustig aus dem Käfig krabbeln und schließlich ihren ersten – natürlich von uns überwachten – Ausflug in den Garten machen können.

Zu den Fotos:
In Laurins (oben links) und Max (unten links) Familie gab es »Holländer-Kaninchen«.
Poldi (S.41 oben links) ist ein »Deutscher Widder«, mit den für diese Rasse typischen Hängeohren.
Felix (S.41 oben rechts) ist ein Castor Rex-Kaninchen mit sehr kurzem, dichtem Fell.
Ein Angorakaninchen (S. 41 unten rechts).

Nur im Rudel glücklich!

Ob groß oder klein — Kaninchen wollen niemals alleine sein!
Um gesund zu bleiben, brauchen Kaninchen mindestens einen, besser mehrere Artgenossen. Das gemeinsame Kuscheln, sich gegenseitig Pflegen und ständig Körperkontakt zu haben, schenkt ihnen die Geborgenheit, die sie zu einem glücklichen Leben brauchen. Diesen Artgenossen kann man auch nicht durch ein Meerschweinchen ersetzen. Die Körpersprache dieser Tiere ist unterschiedlich und mit seinem Bewegungsdrang kann das Zwergkaninchen das Meerschweinchen sogar verletzen.
Bei den Wildkaninchen herrscht eine strenge Rangordnung. Es gibt einen Rudelführer und Zeiten, in denen die netten Kuschelkaninchen zu richtigen Kampfkaninchen werden.
Eine Gruppe Zwergkaninchen funktioniert am besten, wenn alle Tiere kastriert sind und das Gehege groß genug für alle ist. Es müssen Versteckmöglichkeiten und mehrere Futterstellen eingerichtet sein!
Mit ihren feinen Nasen, in denen 100 Millionen Riechzellen kleinste Informationen melden, erkennen die Zwergkaninchen, wer gerade wo langgehoppelt ist. Unter der Erde dienen ihnen Tasthaare zur Orientierung. Ihre Ohren funktionie-

ren wie Schalltrichter und sind sehr empfindlich gegenüber lauten Geräuschen. Krach bringt Kaninchen richtig in Panik. Darum musst du immer leise mit ihnen sprechen. Sie erkennen dich an deiner Stimme und verbinden angenehme Erlebnisse, wie gereichte Leckerbissen und Streicheleinheiten schnell mit deiner Person.
Weißt du, warum Kaninchen immer etwas zum Nagen brauchen? Ihre Zähne wachsen im Jahr zehn Zentimeter!

Kaninchenwolle
Oben auf dem Bild siehst du ein Angora-Kaninchen. Es hat schneeweißes Fell und wird deshalb als »Albino« bezeichnet. Ihm fehlen einige Farbstoffe. Echte Albinos haben immer rote Augen.
Das Fell des Tieres ist seidenweich und wollig und »liefert« zwischen 400 und 800 Gramm Wolle pro Jahr! Angorakaninchen wurden erstmals in England gezüchtet. Heute gibt es sie überall auf der Welt. Um die Wolle zu gewinnen, werden sie vierteljährlich geschoren.

Häschen in der Grube

Groß und mit langen Ohren hoppelt der Feldhase über den angrenzenden Acker. Im Gegensatz zum Kaninchen, das unterirdisch seine Höhlen anlegt, bereitet er sein Nest oberirdisch. Hasen sind Einzelgänger und dulden Artgenossen nur in der »Ranzzeit«, der Paarungszeit. Deshalb leben sie auch nicht in Kolonien zusammen. Zur Geburt der Jungen scharrt die Häsin eine Mulde. Ihre Jungen sind viel schneller selbstständig und versuchen, ohne die Mutter auszukommen.Feldhasen werden 40 bis 76 Zentimeter groß und bis zu sieben Kilogramm schwer. Ihre Ohren sind deutlich länger

als die der Kaninchen, nämlich 12 bis 14 cm lang. Insgesamt wirken sie groß und schlank. Ihre bernsteinfarbenen Augen sitzen jedoch ebenso seitlich wie beim Kaninchen. Das ermöglicht diesen Tieren — auch ohne sich umzudrehen — nach hinten zu sehen.
Zum Schlafen liegt der Hase genau wie im Kinderlied besungen, nämlich in der Grube. Im Gegensatz zum Kaninchen, das schon mit zehn Wochen eigene Junge bekommen kann, wird der Hase erst mit sieben Monaten geschlechtsreif. Hasen bekommen nur viermal im Jahr Junge. Hasenbabys kommen behaart und sehend auf die Welt. Damit bezeichnet man sie als »Nestflüchter«, während Kaninchen echte »Nesthocker« sind und

Die Fotos auf Seite 42 zeigen Feldhasen, die auf Seite 43 Wikdkaninchen

im Gegensatz zu Hasen mehrmals am Tag gesäugt werden.
Hasen sind übrigens Langstreckenläufer. Sie sind schnell, ausdauernd und können deshalb weit laufen.
Inzwischen sind sie selten geworden, stehen unter Naturschutz und dürfen nicht gefangen werden. Trotz der Bedrohung der Art werden Hasen in Zeiten, in denen sie keine Jungen haben, gejagt.

Unsere weiteren Fotosachbücher: brillant, informativ,

ISBN: 978-3-930038-11-4

ISBN: 978-3-930038-13-8

ISBN: 978-3-930038-24-4

ISBN: 978-3-930038-17-6

ISBN: 978-3-930038-15-2

ISBN: 978-3-930038-04-6

ISBN: 978-3-930038-14-5

ISBN: 978-3-930038-07-7

ISBN: 978-3-930038-16-9

ISBN: 978-3-930038-29-9

ISBN: 978-3-930038-25-1

ISBN: 978-3-930038-27-5

In Ihrer Buchhandlung oder Verlag Heiderose Fischer-Nagel, Brunnenstraße 7, D-34286 Spangenberg-

Autoren

Dr. med. Dr. phil. Holger Georg Adelmann

aus Oberbiel, Facharzt für Klinische Pharmakologie in Köln. Fellow der Royal Microscopical Society, Oxford (1997). Betreibt nebenberuflich Mikroskopie zur Geologie des Rheinischen Schiefergebirges, speziell Paläovulkanismus, Erzmikroskopie der Lagerstätten Siegerland-Wied und Westerwald.

Prof. Dr. Eberhard Fischer

aus Montabaur, Botaniker und Biodiversitätsforscher, Prof. und Leiter der Abt. Biologie an der Universität Koblenz-Landau; grundlegende Arbeiten zur Vegetation und Flora des tropischen Afrika und von Rheinland-Pfalz; Vorsitzender des NHV

Prof. Dr. Heiner Flick

aus Pommern, Geologe, Universität Heidelberg (1975–1984), seitdem dort PD/apl. Prof. Revisionskartierungen im Lahn-Dill-Gebiet für das Hessischen Landesamt für Naturschutz, Umwelt und Geologie, Wiesbaden

Dr. Bruno P. Kremer

aus Linz am Rhein, Botaniker, bis 2012 Hochschullehrer (AR) an der Universität Köln. Veröffentlichte zur Umweltbildung, Naturerlebnispädagogik und rheinischen Naturkunde

Antonius Kunz

aus Gehlert, Oberstudienrat, GNOR, Ornithologe, gilt als bester Kenner der Avifauna des Westerwaldes

Prof. Dr. Manfred Niekisch

aus Pommern, Direktor des Frankfurter Zoo's (1998–2008); Professur „Internationaler Naturschutz“ an der Universität Greifswald sowie als apl. Prof. an weiteren Hochschulen; weitgespanntes ehrenamtliches Engagement u. a. im DNR

Dr. Hermann Josef Roth

aus Montabaur, Studiendirektor i. R., beschäftigte sich umfassend mit der Naturkunde und geschichtlichen Landeskunde der Rheinlande, insbesondere des Westerwaldes; www.cist-natur.de

Prof. Dr. Karl-Josef Sabel

aus Großholbach, ehem. Ltd. Geologiedirektor, Dez. Bodenkundliche Landesaufnahme, Hess. Landesamt für Naturschutz, Umwelt und Geologie, Wiesbaden

Dipl. Biol. Philipp Schiefenhövel

Naturschutzreferent der Will und Liselott Masgeik-Stiftung für Natur und Landschaftsschutz, Molsberg

Bildnachweis

Fandler, Martin, aus Detmold, arbeitet als Naturfotograf im Bereich des Westerwälder Seenplatte, (MFA); Facebook: langenbaum plus 5
Umschlagrückseite und Abb. 64, 65, 67, 70–72, 85, 86, 90, 105

Koenigswald, Prof. Dr. Wighart von, aus Potsdam, Steinmann-Institut für Geologie, Mineralogie und Paläontologie, Universität Bonn
Abb. 53, 54

Neidhöfer, Anne, aus Nassau, Amateurfotografin
Abb. 98, 100, 102–104, 106, 107

Neumann, Harry, stammt vom Hohen Westerwald, Fotograf und Naturschützer, Vorsitzender der Naturschutz-Initiative (NI);
www.naturschutz-initiative.de
Umschlagrückseite, Abb. 96, 99

Weidenfeller, Marcel, NABU Hundsangen
Abb. 108

Tannenberg, Stefan, Koblenz
Abb. 91–94, 104, 106, 109

Ferner:

Feig, Guido, Montabaur	Abb. 63 (Repro)
Fischer, Eberhard	Abb. 66, 68, 69, 74–89
Flick, Heiner	Abb. 19–25, 27-30, 32-34, 36, 38–40, 43–45 (z. T. n. Vorlage)
Geschichtswerkstatt Hachenburg	Abb. 56
Kremer, Bruno P.	Abb. 4
Landschaftsmuseum Westerwald	Abb. 97
Naturhistorisches Museum, Landessammlung Rheinland-Pfalz, Mainz	Abb. 129
Naturhistorischer Verein der Rheinlande und Westfalens (NHV)	Abb. 112, 117, 121
Pohl, Karl (†), Wetzlar, war Feinmechaniker bei Ernst Leitz und angesehener Ornithologe	Abb. 18
Roth, Hermann Josef	Umschlagvorderseite, Abb. 5–14, 16, 17, 31, 37, 41, 42, 46, 48, 49, 52, 55, 57–59, 62, 73, 84, 95, 113 (Repro), 124
Schiefenhövel, Philipp	Abb. 88, 89
Schorn, Stefan	Abb. 139
Schweitzer, Prof. Dr. Hans-Joachim (†), war Paläobotaniker an der Universität Bonn	Abb. 51

Handzeichnungen

Angelika Massing aus Trais-Karden, Lehrerin i. R.
Abb. 1, 2, 35, 50, 125–127

Ferner:

Bruno P. Kremer	Abb. 3 (Repro)
Dr. Karl Löber (†), Rektor i. R.	Abb. 26

Sonstige Bildquellen

„Erdschatz" Judith Steinbach-Hass, Kirchdorf, www.erdschatz.de;
„Mineralienatlas" (Stefan Schorn), Kirchseeon, www.natural-minerals.de;
Nachlässe: Karl Pohl, Wetzlar; Christine und Wolfgang Rebske, Bergisch Gladbach;
Kurt Viertel, Montabaur; Claus Volkening, Holler

Inhalt

Ursprünglich bezeichnete eine Urkunde aus dem 11. Jahrhundert mit Westerwald ein paar Ländereien westlich des Königshofes von Herborn. Zunehmend verlagerte sich im späteren Sprachgebrauch die Grenzziehung in Richtung zum Rhein. Ein in diesem Zusammenhang bemerkenswertes Dokument ist eine Kartendarstellung etwa aus dem Jahre 1550, erschienen in Kapitel 165 der berühmten Landesbeschreibung Cosmographia des aus Ingelheim stammenden Franziskaners Sebastian Münster. Sie vermerkt am linken Kartenrand bezeichnenderweise die eindeutige Eintragung Westerwald. Die Kartenvorlage lieferte seinerzeit der Trierer Arzt Simon Rischwin. In ihrer Zeit vielleicht das einzige greifbare bzw. taugliche Informationsmittel, löst sie heute vielleicht eher ein mitleidiges Lächeln aus, denn im Unterschied zur aktuellen Kartenkonvention ist die Darstellung gesüdet – der Mittelgebirgsnordrand befindet sich auf der Münster-Karte demnach in der unteren Blatthälfte. Neuwied ist übrigens noch nicht eingetragen, denn diese heutige wichtige Kreisstadt war zum Erscheinungszeitpunkt der Cosmographia noch nicht gegründet.

Seit mehr als 100 Jahren kennen die Karten den Westerwald in der heute weithin üblichen Abgrenzung mit den Flusstälern von Rhein, Sieg, Lahn und Dill. Diese Flusstäler sind jedoch selbständige Landschaftseinheiten und insofern nicht integraler Bestandteil des Westerwälder Schiefergebirgsflügels. Diese zweifellos erlebniswerten Tallandschaften werden daher in dieser Übersicht nicht weiter berücksichtigt.

2.1 Klare Binnengliederung

Einige kleinere Landschaftseinheiten helfen bei der genaueren Ortsbestimmung und Orientierung innerhalb des Westerwälder Schiefergebirgsblocks: Das vulkanische Siebengebirge am Südzipfel der Niederrheinischen Bucht bildet die imposante Nordwestbastion des Westerwaldes – landschaftlich mag man es als eigenständige Einheit auffassen, aber nach geologischen Kriterien gehört es zweifelsfrei der Westerwälder Gesamtlandschaft an, denn überall im Umfeld des Siebengebirges und in seinem Unterlager stehen die Schichtgesteine des Unterdevons an. Zudem reichen seine vulkanischen Zeugnisse mit etlichen und eigenartig in mehreren Linien aufgereihten Basaltkuppen weit nach Süden auf die Linzer Höhe und bis fast an die Wied.

Dieser Teil des Westerwaldes ist ein welliges und meist relativ niedriges Hochflächengebiet, das im Gegensatz zu den östlichen Gebietsteilen in den vergangenen Jahrzehnten recht unterschiedliche Benennungen mit wechselndem Begriffsumfang erhalten hat: In den älteren landeskundlichen Darstellungen erscheint diese Teillandschaft als Vorderwesterwald oder Unterwesterwald auf, wohingegen die neuere Regionalgeographie die Bezeichnung Niederwesterwald bevorzugt oder sogar eine völlige Neugliederung mit den folgenden Landschaftsteilen vornimmt:

- Westlicher Westerwald, gelegentlich als Rheinwesterwald bezeichnet, umfasst das schmale, rund 40 km lange Talterrassenband des Rheins sowie sein angrenzendes Hinterland vom Siebengebirge bis zum Sayntal und bildet somit in seiner gesamten Ausdehnung die Westgrenze zur Tallandschaft des Neuwieder Beckens und des Unteren Mittelrheins.
- Vorderwesterwald, auch als Vorderwesterwälder Hochflächen ausgegliedert, schließt das wellige, bei etwa 250–350 m liegende Hochland zwischen dem Rheinwesterwald im Westen, dem Siegtal im Norden, dem Oberwesterwald im Osten und dem Montabaurer Westerwald (bis zum Lahntal) im Süden ein. Diese weithin geschlossen und relativ einheitlich aussehende Landschaft bildet somit ei-

Abb. 4: Talkante bei Leutesdorf

nen breiten Übergang von der tiefen Talfurche des Unteren Mittelrheins zu den Hochflächen des Hohen Westerwaldes und stellt hinsichtlich Lage und Flächenausdehnung den Kernbereich des gesamten Westerwaldes dar.

- Südlicher Westerwald, häufig auch noch Montabaurer Westerwald oder Unterwesterwald genannt, besteht aus den Landschaftsteilen im Winkel von Sayn im Norden, Mittelrheinbecken im Westen und Lahn im Süden. Im Osten begrenzt das weiträumige Limburger Becken diese Einheit. Sie enthält zu großen Teilen die bedeutende Westerwälder Kulturlandschaft des Kannenbäckerlandes, der wir noch eine gesonderte Betrachtung widmen.

Bei Linz im Kernbereich des Unteren Mittelrheintals lassen sich im Übergang von der Talaue bis auf die Randhöhen alle Glieder der komplexen Terrassenfolge des Rheins bis zur ersten im Spättertiär angelegten Spülmulde nachweisen. Manche sind nur fragmentarisch erhalten und im Gelände nicht einfach erkennbar, ergeben aber in ihrer Summe ein höchst eindrucksvolles Gesamtbild der gewaltigen Erosionsleistung des Rheins während der zurückliegenden rund drei Jahrmillionen.

Die rheinnahen Teile des Westerwaldes rechts und links der Wied gehen ohne landschaftlich markante Grenze in den Oberen sowie in den Hohen Westerwald über. Der Oberwesterwald umfasst eine bergig-hügelige Rumpfflächenlandschaft. Er umfasst südlich und westlich im Hufeisenbogen den Hohen Westerwald, eine nach Südwesten geneigte, an den Rändern stärker zerlappte Basalthochfläche in 500–600 m Höhenlage.

Nordöstlich schließen sich das Siegerland, östlich im Lahnbogen der Dill-Westerwald und südöstlich das breitflächige Limburger Becken an.

Politisch haben an diesem Landstrich im Rheinischen Schiefergebirge gleich drei Bundesländer Anteil, nämlich Nordrhein-Westfalen, Hessen und Rheinland-Pfalz. Daher ist der Westerwald auch in der Vergangenheit immer ein innerdeutsches Grenzland mit ständig wechselnden Flurmarken zwischen weltlichen und kirchlichen Territorien gewesen und war dabei gewöhnlich permanent ein Gebiet in Randlage.

2.2 Uraltes Unterlager

Wie in den benachbarten Schiefergebirgsregionen gehört auch das Gesteinsfundament des Westerwaldes zu großen Teilen den rund 400 Millionen Jahre alten Schichtverbänden aus dem Unterdevon an. Nur im Westerwälder Ostflügel stehen auch mittel- oder sogar oberdevonische Gesteinspartien an. Vom einst hohen Gebirge, das gegen Ende des Erdaltertums von mächtigen Schubkräften in der Erdkruste aufgefaltet wurde, ist heute allerdings nicht viel geblieben. Viele Jahrmillionen lang hat nämlich die chemische und mechanische Verwitterung das ursprüngliche Bergland nachhaltig abgeschliffen und damit bis auf den Sockel eingerumpft. So präsentiert sich die Westerwälder Landschaft heute gar nicht so sehr als wild dramatisches Bergland, sondern eher als eine weithin flachwellige Höhenflur.

Selbst ihre höchsten Erhebungen, Fuchskaute (657 m) und Stegskopf (654 m), überragen die umgebende Hochfläche betont breitrückig allenfalls um 60–80 m. Lediglich

Abb. 5: Hoher Westerwald, Blick von Stein-Neukirch ostwärts

aus der Auenperspektive der umrahmenden oder querenden Bach- und Flusstäler oder im Bereich der vulkanischen Kuppen zeigt die Landschaft ein stärker beschwingtes Relief – aus der rundum geschlossenen Taleinrahmung ebenso wie aus den engen Talzügen von Nister, Dill, Sayn oder Wied, die allesamt im Hohen Westerwald entspringen.

2.3 Vulkanische Überprägung

In einigen Teilgebieten ist die weitgehend ebene Grundgebirgs-Höhenflur allerdings auffällig mit kegeligen Kuppen durchsetzt. Darin dokumentiert sich bis heute erlebbar die feurige Vergangenheit dieser Region – der tertiärzeitliche Vulkanismus mit seinen zahlreichen basaltischen und trachytischen Ausbruchspunkten. Südwestlich vom Siebengebirge, auf der kuppigen Linzer Höhe, reihen sich Dutzende von Vulkanbergen wie die Perlen auf mehreren parallel von Nordwest nach Südost verlaufenden Ketten.

Nordöstlich von Montabaur gruppieren sie sich eher im Halbrund um eine geschlossene, bis 100 m mächtige und über 150 km^2 große Basaltdecke, die ein besonders ergiebiges Ausbruchsgeschehen vor etwa 20 Mio. Jahren über den Hohen Westerwald ausgebreitet hat. Im Wiedtal (Bertenauer Kopf, Telegraphenhügel) sowie im Einzugsgebiet der unteren Sayn gibt es ein paar Vulkane aus dem Spättertiär bzw. Frühquartär, die zeitlich und räumlich bereits zum deutlich jüngeren quartärzeitlichen Vulkanismus der Osteifel überleiten.

Vor und zum Teil noch während der Zeit der Vulkanausbrüche zersetzten sich im feuchtwarmen Klima der Tertiärzeit die anstehenden devonischen Tonschiefer und Sandsteine. Heftige Niederschläge schwemmten die solchermaßen gelockerte Verwitterungsrinde ab und führten sie in großen Senken erneut als Sedimente zusammen. So entstanden vor allem im westlichen Westerwald die bedeutendsten Tonlagerstätten Europas – Grundlage einer hochentwickelten Keramikindustrie, die der Region schon vor Jahrzehnten die Bezeichnung Kannenbäckerland eingetragen hat.

2.4 Eine weitflächige abwechslungsreiche Kulturlandschaft

Im Westerwald gibt es heute praktisch keine großflächig erhaltene Naturlandschaft mehr. Wenn außerhalb verdichteter Siedlungsbänder oder Industriezonen zwar nahezu flächendeckendes Grün in den Blick tritt, so handelt es sich dabei bestenfalls um naturnahe oder Natur ersetzende Landschaftselemente.

Die nacheiszeitliche Entwicklung unserer Landschaften lief schon vor etlichen Jahrtausenden auf eine weithin geschlossene Waldbestockung hinaus. Der größte Teil des Westerwaldes war damit ursprünglich ein weitgehend einheitliches Waldland vor allem mit Rotbuchenwäldern, denen je nach Hanglage und Bodenbeschaffenheit auch Eichen-Hainbuchenwälder oder weitere Waldgesellschaften (u. a. Eschen-Schluchtwald) beigestellt waren. In den südwestexponierten Hanglagen, vor allem der begrenzenden Talzüge, entwickelten sich in den klimatisch günstigen Abschnitten der Nacheiszeit verschiedene wärmeliebende Pflanzengesellschaften.

Die reale Mittelgebirgslandschaft des Westerwaldes sieht heute völlig anders aus. Spätestens mit der Jungsteinzeit begann der Mensch, die Naturlandschaft mit ihrer geschlossenen Waldbedeckung zu verändern, sie über Rodungsinseln aufzulockern und überall Ackerflächen und Feldfluren anzulegen. Er wandelte die Naturlandschaft über Jahrhunderte und Jahrtausende immer mehr zur Kulturlandschaft um. So weist diese neu entstandene Kulturlandschaft eine ungleich größere Vielfalt an Lebensraumtypen und einen reichhaltigeren Artenbesatz auf. Wirtten langsamerer tektonischer Eintiefung der materialaufnehmenden Seebecken oder abflusslosen Senken, kam es örtlich und zeitweilig zur Entwicklung von Moorflächen – daraus wurden später die in die Tonvorkommen eingeschalteten Braunkohlenflöze. Hin und wieder kam es auch zur stärkeren Einschüttung von Sanden oder zur Verkieselung einzelner Sedimentlagen. Mit dem Absetzen der obersten Tonschichten begann im Westerwald der oben erwähnte tertiärzeitliche Vulkanismus mit seinem phasenreichen Ausbruchsgeschehen. Daher enthalten die Tonvorkommen auch Zeugnisse aus der gesamten vulkanischen Förderfolge, beispielsweise Trachyt- und Basalttuffe als eingeschaltete Linsen oder als flächige Decklagen.

Abb. 8: Mittleres Wiedtal von der Weißenfelser Ley

2.5.2 Im Tal der Wied

Nach dem Kartenbild erscheint die Wied vielleicht eher unspektakulär. Im direkten Erleben vor Ort erweist sie sich aber als besonders reizvolle und zu allen Jahreszeiten bemerkenswerte Landschaft. Die Wied entwässert ein rund 770 km^2 großes Gebiet im Ober- und Niederwesterwald. Nur ihre letzten 0,5 km vor der Mündung sind schiffbar und verbinden den am Wiedufer gelegenen Industriehafen der Rasselstein-Werke mit dem Rhein.

Ab der Einmündung ihres wichtigen Zuflusses Holzbach gilt die Wied nach amtlich-hydrographischen Kriterien übrigens als Fluss (Gewässer 2. Ordnung) mit eigener Gewässerkennzahl (DE 2716). Dennoch spricht man in der Region meist vom Wiedbachtal.

Im weiten Umfeld des Quellgebietes der Wied zeigt sich die Westerwaldlandschaft als allenfalls sanft gewellte, aber ansonsten ziemlich ebene Hochfläche. Hier ist die Wied noch wenig in ihre direkte Umgebung eingetieft, sondern läuft in breiten, im Landschaftsaspekt eher wenig auffälligen Spülmulden ab. Dieser Landschaftseindruck besteht auch in den östlichen und schon dem Landkreis Neuwied zugehörigen Anteilen des Naturparks Rhein-Westerwald. Vor allem auf der mit nur geringem Relief ausgestatteten Sayn-Wied-Hochfläche entsteht im Landschaftsaspekt nicht unbedingt der Eindruck, dass man tatsächlich im Rheinischen Schiefergebirge unterwegs ist. Berge fallen hier nirgendwo in den Blick, und nur selten bietet sich auf der geschlossenen Hochfläche ein Blick in den Gesteinsuntergrund – die umgebende Landschaft ist eben, weithin und lückenlos mit jüngeren Lockermassen der bewirtschafteten Böden überkleidet.

Nach Passieren der Kreisgrenze Neuwied ändert sich der Landschaftseindruck zumindest aus ihrer Talperspektive erheblich. Die Wied wird zum deutlich eingetieften Mittelgebirgsabfluss mit steilen Talflanken und einer meist ziemlich schmalen Flussaue. Ihre tatsächlich etliche Jahrzehntausende umfassende erosive Eintiefung in den Untergrund des Westerwälder Schiefergebirges ist im Wesentlichen ein Werk der letzten rund 700 000 Jahre und nur eine direkte zeitnahe Folge der Entwicklung des Unteren Mittelrheintals. Der Rhein als Vorfluter der Wied hat hier aus verschiedenen Gründen seine Erosionsbasis ständig nach unten verlagert und daher seine sämtlichen Nebenflüsse zu ähnlicher Wirkung veranlasst. Was man also im mittleren Wiedtal etwa auf der Höhe von Roßbach oder Waldbreitbach im aktuellen Landschaftsbild wahrnehmen kann, ist ausschließlich mittelbare Folge der geologisch folgenreichen Abläufe (auch) im Unteren Mittelrheintal, und diese waren im Wesentlichen nur von den schroffen Klimawechseln der jüngsten Eis- bzw. Kaltzeiten diktiert.

2.5.3 Paradebeispiel Westerwälder Seenplatte

Strenggenommen sind diese Gewässer keine Seen und eigentlich auch keine Weiher, sondern – da in Quellmulden künstlich angelegt und mit Stauwehren gesichert – besonders groß bemessene Teiche zwischen knapp 10 und 123 ha Flächeninhalt. Schon im Mittelalter waren hier im flachen Wasserscheidegebiet von Wied, Sayn und Nister Fischteiche aufgestaut, weil das nassfeuchte Wiesengrünland anderweitig nicht zu nutzen war. Immerhin fallen hier im Regenstau vor dem Hohen Westerwald jährlich bis zu 1000 mm Niederschläge. Ihre heutige Größe und Gestalt erhielten die Fischteiche erst auf Veranlassung von Graf Friedrich von Wied unmittelbar nach dem Dreißigjährigen Krieg (um 1650).

2.5.3.1 Bemerkenswerte Gewässer

Sieben (bzw. neun) Gewässer umfasst die landschaftlich ungemein reizvolle, auf wenig mehr als 400 m ü. NN gelegene Seenplatte. Nach ihrer räumlichen Verteilung bilden sie drei südöstlich/nordwestlich orientierte

Abb. 9: Abfischen des Seeweihers (historische Aufn., ca. 1951)

Weihergruppen:

Dreifelder Gruppe
- Dreifelder Weiher (Seeweiher), 123 ha, im Südteil NSG
- Haidenweiher, knapp 29 ha, NSG
- Hoffmannsweiher, 16 ha

Freilingen-Steinener Gruppe
- Brinkenweiher, 21,5 ha, NSG
- Postweiher, 13,3 ha
- Hausweiher, 9,6 ha

Wölferlinger Gruppe
- Wölferlinger Weiher, ca. 1 ha, heute weitgehend verlandet
- zwei kleine, namenlose Teiche, etwa 3 km südöstlich der Freilinger Weihergruppe in der Ursprungsmulde der Sayn beim Dorf Wölferlingen gelegen.

Dreifelder Weiher und Haidenweiher werden von der jungen Wied gespeist, der Hoffmannsweiher vom links zufließenden Fehlchesbach. Die Teiche der Freilingen-Steinener Gruppe versorgt der Holzbach, der weiter wiedabwärts von links zufließt. Der Wölferlinger Weiher erhält sein Wasser aus dem Quellgebiet der Sayn, die bei Bendorf in den Rhein mündet. Alle Weiher der Dreifelder und Freilinger Gruppe stehen über Kanäle untereinander in Verbindung. Außer ihnen gibt es noch kleinere Teiche, die der Fischereiwirtschaft unter anderem als Hälterungsanlagen dienen.

In den Teichen der Seenplatte wurden vor allem Karpfen, Hechte, Schleien, Zander und Welse gezogen. Obwohl künstlich angelegt haben sich diese Gewässer schon vor Jahrzehnten zu äußerst wertvollen Lebensräumen entwickelt. Vor allem sind sie als Brut-, aber nicht weniger auch als Rastgebiet vieler Vogelarten von Bedeutung.

Die weitflächigen Schlammböden im Uferbereich sind nicht gerade ein publikumswirksamer, dafür aber ökologisch einzigartiger Lebensraum. Hier entwickeln sich dann kurzlebige Pflanzengesellschaften mit etlichen raren Arten, zum Beispiel mit dem nur knapp münzgroßen Scheidenblütengras, einer der seltensten Grasarten Europas. Überhaupt weist das Gebiet, wie der Westerwald insgesamt, in seiner floristischen und faunistischen Artenbestückung eine biogeographisch interessante Übergangslage zwischen dem mehr kontinental geprägten Mitteleuropa und seinem atlantischen Westen auf.

Im Herbst 2019 sind alle sieben Teiche der Seenplatte in das Eigentum der NABU-Stiftung Nationales Naturerbe übergegangen – für den praktischen und vor allem nachhaltigen Naturschutz in der Region eine glückliche Lösung.

Die mit dem Umbau der Naturlandschaft einhergehende kulturlandschaftliche Bereicherung hielt etwa bis in die Zeit der industriellen Revolution an und dauerte ungefähr bis in die ersten beiden Jahrzehnte nach dem letzten Weltkrieg fort.

3

Bedrohte und geschützte Landschaft

Bruno P. Kremer und Hermann Josef Roth

Der Drachenfels wäre heute eine Schutthalde! Aber schon 1827 empörten sich Heimatfreunde über die rücksichtslose Ausbeutung der Landschaft des Siebengebirges. Ihnen ist es zu verdanken, dass der Drachenfels zum meist bestiegenen Berg Deutschlands werden konnte – lange bevor es einen staatlichen Naturschutz gab!

Im gesamten Westerwald wäre der Naturschutz ohne die zähe Kleinarbeit von Einzelpersönlichkeiten und privaten Gruppen überhaupt nicht denkbar gewesen. Vor dem Zweiten Weltkrieg hatte sich eine eigene „Naturschutzkommission" unter der Leitung von Forstmeister H. Behlen, Weilburg, in zäher Kleinarbeit um den Objektschutz

Abb. 10: Drachenfels mit gleichnamiger Burgruine und neugotischer Drachenburg, Sitz der Stiftung Naturschutzgeschichte. „Hinter den sieben Bergen" erstreckt sich der Niederwesterwald

bemüht, durch naturkundliche Beobachtungen und Bestandsaufnahmen sowie auf diesen fußend durch die Information der Öffentlichkeit und der staatlichen Stellen.

Freilich artikulierte sich der Naturschutz noch im Stile einer für romantische Betrachtungen empfänglichen Heimatliebe. Ökologische Gesichtspunkte kamen eher indirekt zum Tragen. Aber sicherlich wurde deren späterer Siegeszug bereits in der Zwischenkriegszeit stimmungsmäßig vorbereitet. In den Aufbaujahren nach dem Zweiten Weltkrieg hatten andere Themen Vorrang. Erst während der Siebziger Jahre setzte eine mächtige ökologische Neubesinnung ein. Das seitdem verfeinerte Rechtssystem hat die Naturschutzarbeit übersichtlicher gestaltet und formal erleichtert. Den darin definierten Kategorien folgend sei eine gedrängte Übersicht versucht.

Abb. 11: „Kirchlinde" (Sommerlinde, ND) Rückeroth, vermutlich im 16. Jh. gepflanzt

Abb. 12: Stangenstein (ND) im Fockenbachtal

„Naturparke sind … großräumige Landschaften, die für die gesamte Landeskultur von entscheidender und übergebietlicher Bedeutung sind und durch die Pflege ihrer Naturschönheit sich in hervorragender Weise für die Erholung eignen …", definiert der um das Siebengebirge hoch verdiente Oberlandforstmeister Dr. Herbert Offner diese von ihm entwickelte Idee (1967). Beträchtliche Teile des Westerwaldes gehören zu solchen Naturparks. Beiderseits der unteren Lahn besteht der Naturpark Nassau (580 km²). Er findet nördlich seine Fortsetzung im Naturpark Rhein-Westerwald (446 km²), der bis zum Naturpark Siebengebirge (42 km²) reicht. Zwischen Weilburg und Arfurt greift der Naturpark Hochtaunus (1208 km²) nördlich über die Lahn und bezieht einen Zipfel des Westerwaldes mit ein. Bis zur Landesgrenze zwischen Nordrhein-Westfalen und Rheinland-Pfalz reicht der Naturpark Bergisches Land, der Teile des Siegtales und den Leuscheid einschließt.

Landschaftsschutzgebiete sind laut gesetzlicher Regelung „durch Rechtsverordnung bestimmte und abgegrenzte Landschaftsräume oder Teile von diesen, in denen ein besonderer Schutz zur Erhaltung eines ausgewogenen Landschaftshaushaltes oder wegen ihrer Eigenart, ihrer Schönheit oder ihres Erholungswertes im öffentlichen Interesse erforderlich ist“ (1972).

Als Naturdenkmale gelten „rechtsverbindlich festgesetzte Einzelschöpfungen der Natur, deren besonderer Schutz aus wissenschaftlichen, naturgeschichtlichen oder landeskundlichen Gründen oder wegen ihrer Seltenheit, Eigenart oder Schönheit erforderlich ist“ (1976). Die Festlegung kann auch die für den Schutz des Naturdenkmals notwendige Umgebung einbeziehen.

Das geschützte Objekt kann durchaus auch Folge menschlicher Tätigkeit sein. In Donsbach bei Dillenburg beispielsweise hat einst der Gesteinsabbau den Donsbacher Sattel angeschnitten, eine Spezialstruktur des Oberdevon mit stark verfalteten oberdevonischen Plattenkalken, Tuffen, Schiefern und reichen Fossillagen. Oberhalb erinnert außerdem eine Pinge namentlich an die mit der Schufterei verbundene Hoffnung auf „Bergmannsglück“.

Die Schutz- und Verwaltungsmaßnahmen werden durch die untere Naturschutzbehörde (Kreisverwaltung) geregelt, die eine amtliche Liste nach vorgeschriebenem Muster, das „Naturdenkmalbuch“, führt. Die bisher einzige Liste aller im gesamten Westerwald bestehenden Naturdenkmäler fertigte 1980 der Hauptnaturschutzwart des Westerwald-Vereins an.

„Naturschutzgebiete sind rechtsverbindlich festgesetzte Gebiete, in denen ein besonderer Schutz von Natur und Landschaft in ihrer Ganzheit oder in einzelnen Teilen 1.) zur Erhaltung von Lebensgemeinschaften oder Lebensstätten bestimmter wildwachsender Pflanzen- oder wildlebender Tierarten, 2.) aus wissenschaftlichen, na-

Abb. 13: Ehemaliger Gemeindesteinbruch Donsbach (ND), Aufschluss Donsbacher Sattel

turgeschichtlichen oder landeskundlichen Gründen oder 3.) wegen ihrer Seltenheit, besonderen Eigenart oder hervorragenden Schönheit erforderlich ist." Diese Definition des Bundesnaturschutzgesetzes von 1976 wurde Grundlage ergänzender Bestimmungen in den Landespflegegesetzen der Länder sowie in der neueren Gesetzgebung des Bundes (2009/10). Die Neufassungen legen ihr Augenmerk jetzt besonders auf den Biotopschutz und Biotopverbund.

Überörtliche Bedeutung haben das Siebengebirge und die Naturschutzgebiete im Raum Breitscheid-Langenaubach wegen ihrer geologischen Phänomene sowie die Westerwälder Seenplatte als einzigartiges ökologisches Refugium mit wertvoller Vegetation samt entsprechender Fauna und Flora.

Die ersten Naturschutzgebiete im Gebiet, nach dem Drachenfels, wurden 1926 ausgewiesen. Sie bestehen fast alle noch heute: Wildweiberfelsen bei Langenaubach, Steinkammern bei Erdbach, Heidenhäuschen bei Hadamar, Dornburg und Blasiusberg bei Frickhofen, ferner Malberg bei Moschheim und Trödelsteine bei Neunkirchen (Westfalen). Nur die prähistorisch bedeutende Höhe Wildscheuer bei Steeden fiel nach dem Zweiten Weltkrieg dem Kalkabbau zum Opfer.

Abb. 14: Dreifelder oder Seeweiher (NSG) mit der Seeburg im Hintergrund, einem altem wiedischen Anwesen (erb. 1683)

Historische Nutzungsarten hinterließen Flächen, die heute als schutzwürdig gelten, angefangen etwa vom Spießweiher bei Montabaur bis zu den Haubergen im Siegerland sowie im ganzen Gebiet alte Huteweiden. Als Naturschutzgebiete ausgewiesen sind die

Abb. 15: Steinkammer im NSG Erdbacher Höhlen

Fuchskaute oder die Hörbacher Viehweide bei Herborn. Weitere, bei extensiver landwirtschaftlicher Nutzung in vorbildlicher Weise dem Naturschutz gewidmete Großflächenweiden gibt es in den Gemeinden und Gemarkungen Burbach, Lippe, Breitscheid, Rabenscheid, Rennerod, Amdorf und Niederlemp. Davon wird noch einmal die Rede sein, gilt es doch, langfristig Natur und Kultur in Einklang zu bringen.

3.1 Naturschutz und Kulturdenkmalpflege

Seit Ende des letzten Weltkrieges hat die Umwandlung des ehedem kleinteilig genutzten Kulturlandes zur Agrarsteppe industriellen Zuschnitts mit großflächiger Ausräumung und Vereinheitlichung nicht nur zur Gesichtslosigkeit mancher Landstriche geführt, sondern auch zu ihrer ökologischen Verarmung. Kulturdenkmalpflege und Naturschutz stehen gemeinsam vor der Aufgabe, wichtige Landschaftselemente zu bewahren oder landespflegerisch zu entwickeln.

3.1.1 Hecken, Raine, Flurgehölze

Ob eine Landschaft als besonders schön empfunden wird, hängt tatsächlich nur von wenigen Strukturelementen ab: Völlig unabhängig von der jeweiligen Eigenart des natürlichen Reliefs gilt die Agrarflur außerhalb geschlossener oder aufgelockerter Waldgebiete immer dann als ansprechend, wenn

Abb. 16: Sommerlinde (ND) am Heilborn, Kapelle (1692, 1875) mit heilkräftiger Quelle bei Dernbach

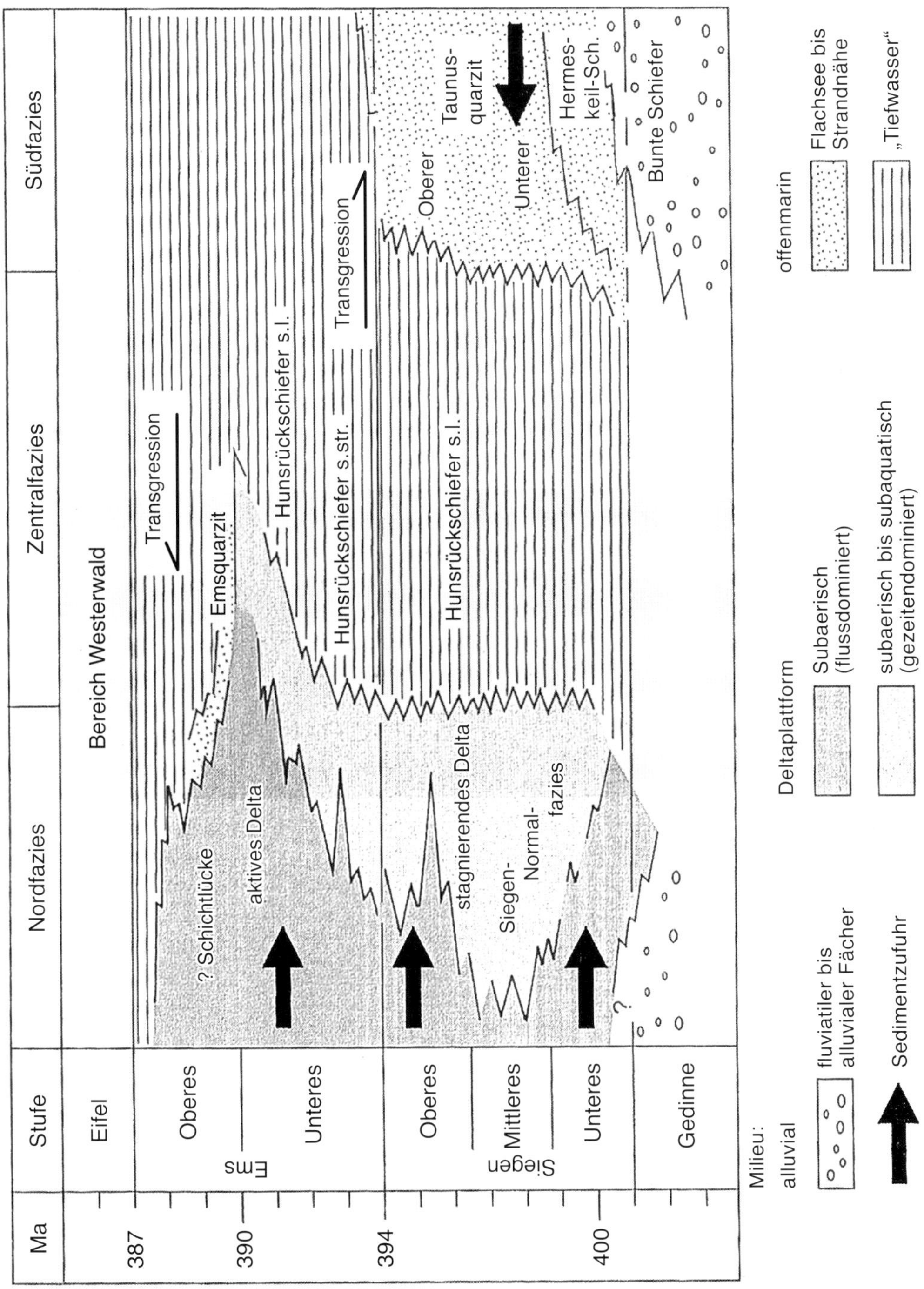
Ma
387
390
394
400
Stufe
Eifel
Ems
Oberes
Unteres
Siegen
Oberes
Mittleres
Unteres
Gedinne
Nordfazies
Zentralfazies
Südfazies
Bereich Westerwald
? Schichtlücke
aktives Delta
stagnierendes Delta
Siegen-
Normal-
fazies
Transgression
Emsquarzit
Hunsrückschiefer s.l.
Hunsrückschiefer s.str.
Hunsrückschiefer s.l.
Transgression
Oberer
Taunus-
quarzit
Unterer
Hermes-
keil-Sch.
Bunte Schiefer
Milieu:
alluvial
fluviatiler bis alluvialer Fächer
Sedimentzufuhr
Deltaplattform
Subaerisch (flussdominiert)
subaerisch bis subaquatisch (gezeitendominiert)
offenmarin
Flachsee bis Strandnähe
„Tiefwasser“

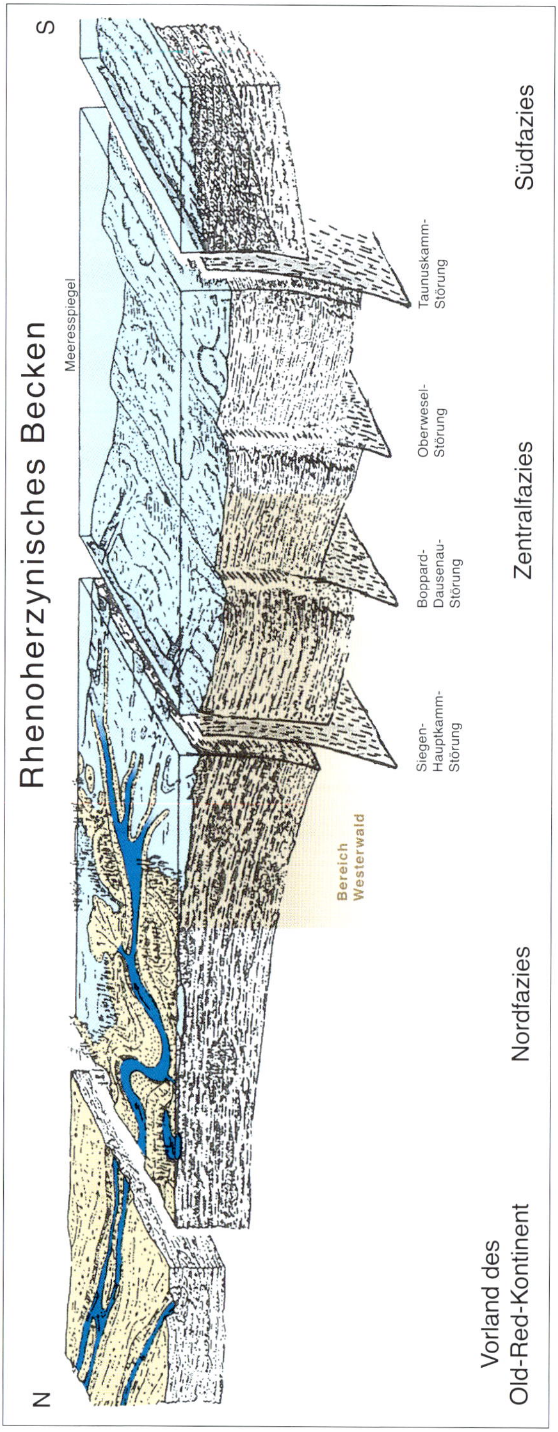

Abb. 23: Blockbild zur paläogeographischen Faziesentwicklung im Rheinischen Schiefergebirge während des Unterdevons (nach Stets & Schäfer 2009, leicht verändert), Bereich des Westerwaldes gekennzeichnet

bau des Deltas setzte eine Dehnung des Schelfbereichs ein, die sich vor allem in mehreren großen Störungssystemen äußerte. Zwei hiervon, die Siegener Hauptstörung und die Boppard-Dausenau-Störung (auch Boppard-Görgeshausen-Überschiebung), liegen im Abschnitt des Westerwaldes.

Mit dieser Dehnung und dem damit einhergehenden Absinken des Meeresbodens konnte der Schelfraum die sich zu 10 000 m Mächtigkeit kumulierende Sedimentmenge aufnehmen und die Deltabedingungen stabil halten. Das Zurückweichen des Deltas gegen Ende des Unterdevons war eine Folge des Nachlassens der Sedimentzufuhr, der Senkung des Meeresbodens infolge der Dehnung wie auch eines globalen Anstiegs des Meeresspiegels.

In der Siegen-Stufe entspricht die deltaische Nordfazies, die bis zur Siegener Hauptstörung aufgeschlossen ist, in der Sedimententwicklung der *Siegener Normalfazies*. Diese wird nochmals in Untere, Mittlere und Obere Siegen-Schichten bzw. Tonschiefer-, Rauhflaser- und Herdorf-Gruppe unterteilt, wobei vom Sedimentcharakter unreine Mittel- bis Feinsandsteine bis Siltsteine vorherrschen.

Mit dem Vorrücken des Deltas im Unteren Ems nehmen auch die grobklastischen Sedimente zu. Am

Abb. 24: Schräggeschichtete Barrensandsteine aus der gezeitenbeeinflussten Front im Unterdevondelta (Nordfazies) des Rheinischen Schiefergebirges, Obere Siegen-Gruppe (Herdorf-Schichten), Anschnitt an Weinberg bei Unkel/Rhein

Wechsel vom Unter- zum Ober-Ems, d. h. dem Übergang zum Zurückweichen des Deltas, damit dem Wechsel vom flussdominierten zum gezeitendominierten Delta, steht der Ems-Quarzit, dessen besonderer Sedimentcharakter als (nachträglich verkieselter) Quarzit auf die Aufarbeitung der Sande durch den Ebbstrom an der Frontbasis von Prielen unterhalb des Gezeitenbereichs zurückgeführt werden kann. In Anbetracht der stärker wechselnden Sedimentvorgänge im Ems ist es verständlich, dass sich dieses in einer stärkeren Untergliederung äußert, die als kartierbare Einheiten (Formationen) mit Lokalnamen belegt wurden.

Die Zentralfazies bestand aus dem offenen marinen Raum vor dem Delta, dem Rhenoherzynischen Becken, das abgesehen von gelegentlichen Sandschüttungen durch Turbiditströme durchgehend das feinklastische (tonig/siltige) Sedimentmaterial aufnahm. Hieraus wurden die relativ eintönig wirkenden, als Hunsrückschiefer bezeichneten Tonschiefer. Dabei werden die im engeren und die im weiteren Sinne unterschieden, weil der Begriff für erstere, die aus der Ems-

Abb. 25: Gut geschichtete (Ortho-)Quarzite der Emsquarzit-Formation (Lahnstein-Unterstufe, Ems-Stufe), entstanden durch wiederholte Aufarbeitung unterhalb des Gezeitenniveaus, Anschnitt am rechten Lahnufer bei Lahnstein

Stufe, geprägt wurde und vom Gesteinscharakter her als Sammelbegriff für die aus der Siegen-Stufe erweitert wurde. Man rechnet für die Hunsrückschiefer mit Mächtigkeiten von 4 bis 5 000 m, möglich geworden durch die mit Schollenkippungen einhergehende Dehnung des Schelfraums.

Die enthaltene Vergesellschaftung einer bodenlebenden Fossilfauna belegt einen offenen, allerdings kaum 100 m Wassertiefe unterschreitenden Meeresraum. Erben (1962) prägte hierfür den Begriff der herzynischen Magnafazies, im Unterschied zur rheinischen Magnafazies des Flachwassers mit entsprechend robusten Faunenelementen. Im Verlauf des Unterdevons entwickelte sich die Zentralfazies zum dominierenden Faziesraum, indem sie auf die Südfazies zu Beginn und dann auf die Nordfazies zu Ende der Emsstufe übergriff. Die Südfazies hat nicht bis zum Gebiet des Westerwaldes gereicht, sondern nur bis wenige Kilometer südlich der Lahn.

In den Schichten des Ems im Randbereich der Dill-Eder-Mulde (früher: Dill-Milde), demnach schon innerhalb des Westerwaldes, finden sich verschiedentlich geringmächtige Tuffhorizonte, die auf die Lenne-Vulkanite bezogen werden, aber auch keinen direkten Bezug erlauben. Für die Siegen-Stufe sind keine entsprechenden Belege bekannt, wobei solche durch die Sedimententwicklung zerstört worden sein dürften. Es ist aber denkbar, dass auch noch von dort Tuffhorizonte bekannt werden.

Im südlichen Randbereich des Westerwaldes sind in Schichten des Unterems als Singhofener Porphyroid bezeichnete Einschaltungen von Vulkaniklastiten anzutreffen. Auch hier gibt es eine größere Anzahl von Horizonten. Es handelt sich um Absätze aus Schlammströmen, die auf ihrem Transport in unterschiedlichem Maße Sedimentmaterial aufgenommen haben. Ihre Herkunft ist unsicher.

Das Ausgangsmaterial für alle diese Vulkanprodukte, die als Einschaltungen die weitere Devonzeit hindurch bis in unterkarbonische Sedimentfolgen aufzufinden sind, waren mehr oder weniger felsige Schmelzen von sehr beständigem Chemismus. Sie lassen sich geotektonisch auf einen Vulkanbogen beziehen, der in Zusammenhang mit einer nordwärts gerichteten Abtriftung (Subduktion) des Rheischen Ozeans stand.

4.2.2.2 Mitteldevon

Ablagerungen aus dem Grundgebirge jünger als Unterdevon sind im Westerwald auf seinen als Lahn-Dill-Gebiet bekannten Nordostbereich beschränkt. Dies ist eine Folge des in diese Richtung abfallenden Faltenspiegels, wodurch dort erst die jüngeren Schichtfolgen durch die Erosion angeschnitten werden. Das Lahn-Dill-Gebiet, das geographisch die Nordostecken von Taunus (südlich der Lahn) und Westerwald (nördlich der Lahn) besetzt, ist ein geologisch definierter Raum im südöstlichen Rheinischen Schiefergebirge. Die traditionelle Dreitei-

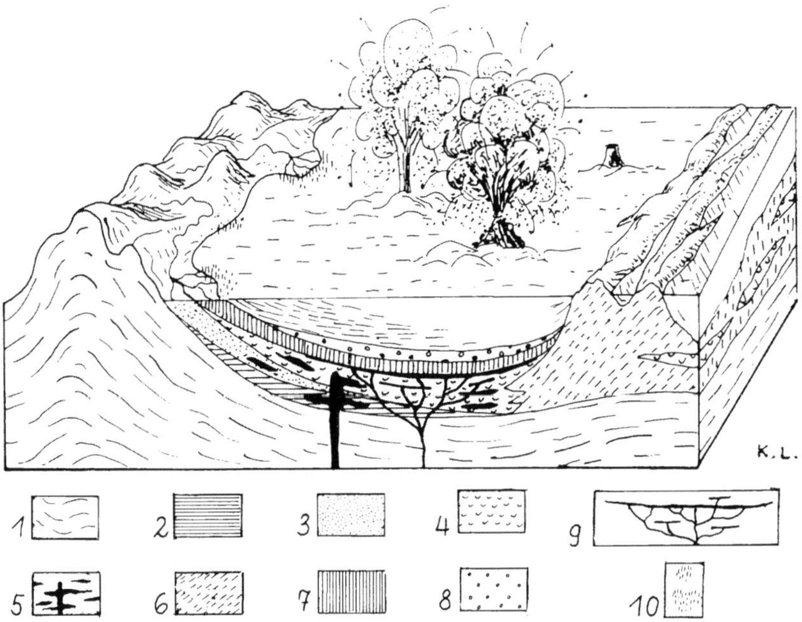

1 Siegener Sattel; 2 Wissenbacher Schiefer; 3 Eifel-Sichten; 4 Schalstein; 5 Gang-Diabas; 6 Korallenriff; 7 Tonschiefer; 8 verschiedene Tuffe; 9 Erzzubringerspalten mit Roteisenstein-Grenzlager; 10 Pflanzen der Strandzone

Abb. 26: Dillgebiet im Mittel- und Oberdevon (Rekonstruktion: Karl Löber sen.)

lung mit Dill- (Eder)-Mulde im Nordteil und Lahn-Mulde im Südteil, mit zwischenliegender Hörrezone, ist nach jüngeren tektonischen Erkenntnissen nicht mehr aktuell.

Das Lahn-Dill-Gebiet wird mit dem Einsetzen der Fazies der Wissenbacher Schiefer der Eifel-Stufe abgegrenzt. Durch die angesprochene Verschiebung der Unter-/Mitteldevongrenze setzen sie jetzt im höchsten Unterdevon ein. Dessen geologische Abgrenzung steht in Zusammenhang mit den früheren auf Roteisenstein umgehenden Bergbauaktivitäten in dieser Region. Die Vererzungen gehören zur devonischen Schichtenfolge und sind als Lahn-Dill-Typ bekannt geworden.

Zur Ausbreitung der Zentralfazies mit feinkörnigen Sedimenten der Tiefsee zum Ende des Unterdevons kommt ein Umschwung in den Sedimentationsbedingungen, indem ein Kalkgehalt hinzutritt. Dieser äußert sich in Knollen und Linsen sowie gelegentlichen Bänken in den als Wissenbacher Schiefer bekannten Schichten. Weil deren stratigraphische Reichweite regional unterschiedlich weit ist, werden sie inzwischen auch als Tonschiefer der Wissenbacher Fazies bezeichnet und mit einem Lokalnamen versehen.

Überwiegend enden sie mit der Eifel-Stufe, im Südwesten der Dill-Eder-Mulde noch innerhalb. Dort werden sie vom

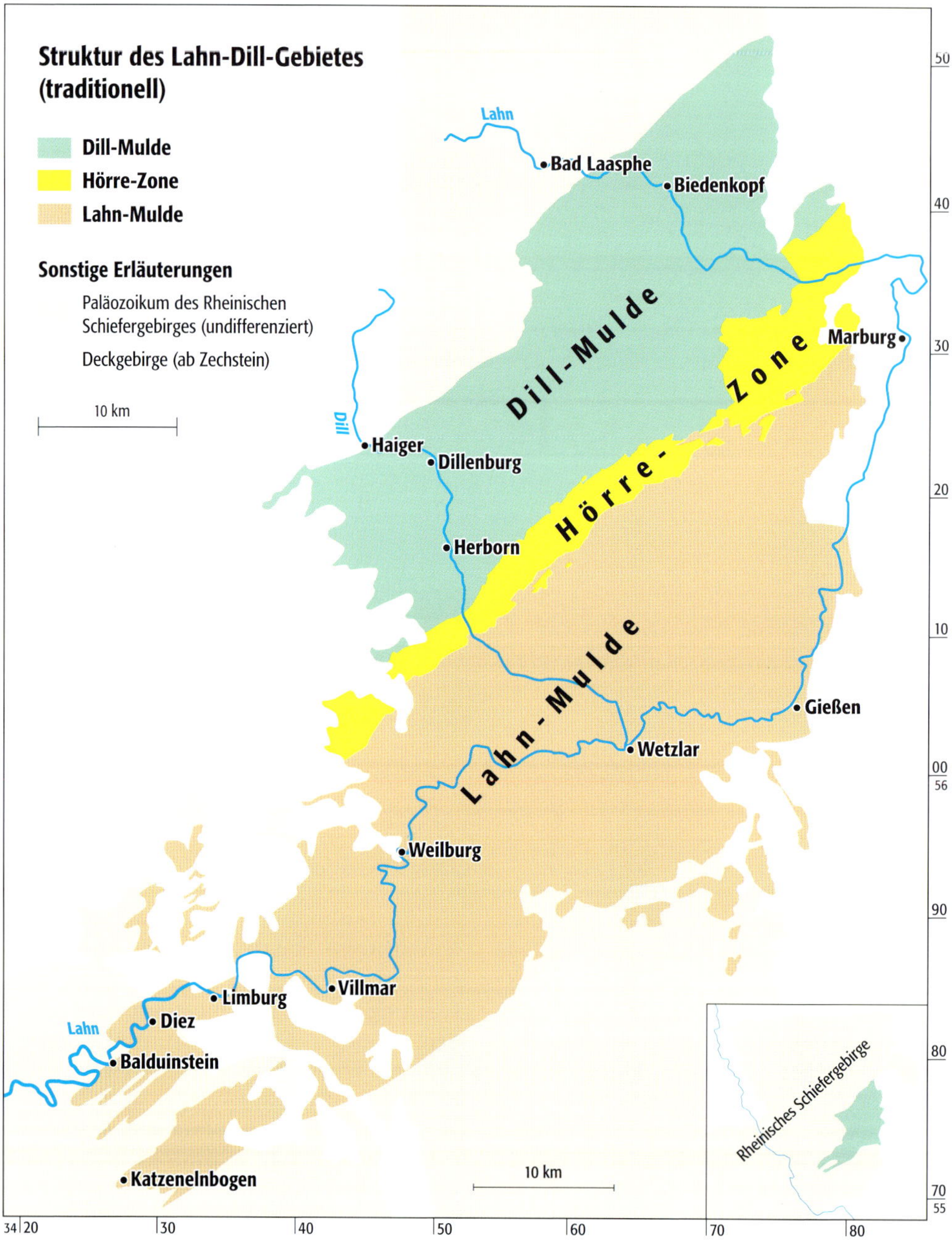

Abb. 27: Haigerhütte. Kartenausschnitt zum geologischen Profil am Übergang vom Unter- ins Mitteldevon, vom Siegener Hauptsattel zur Dill-Eder-Mulde (aus Flick 2010)

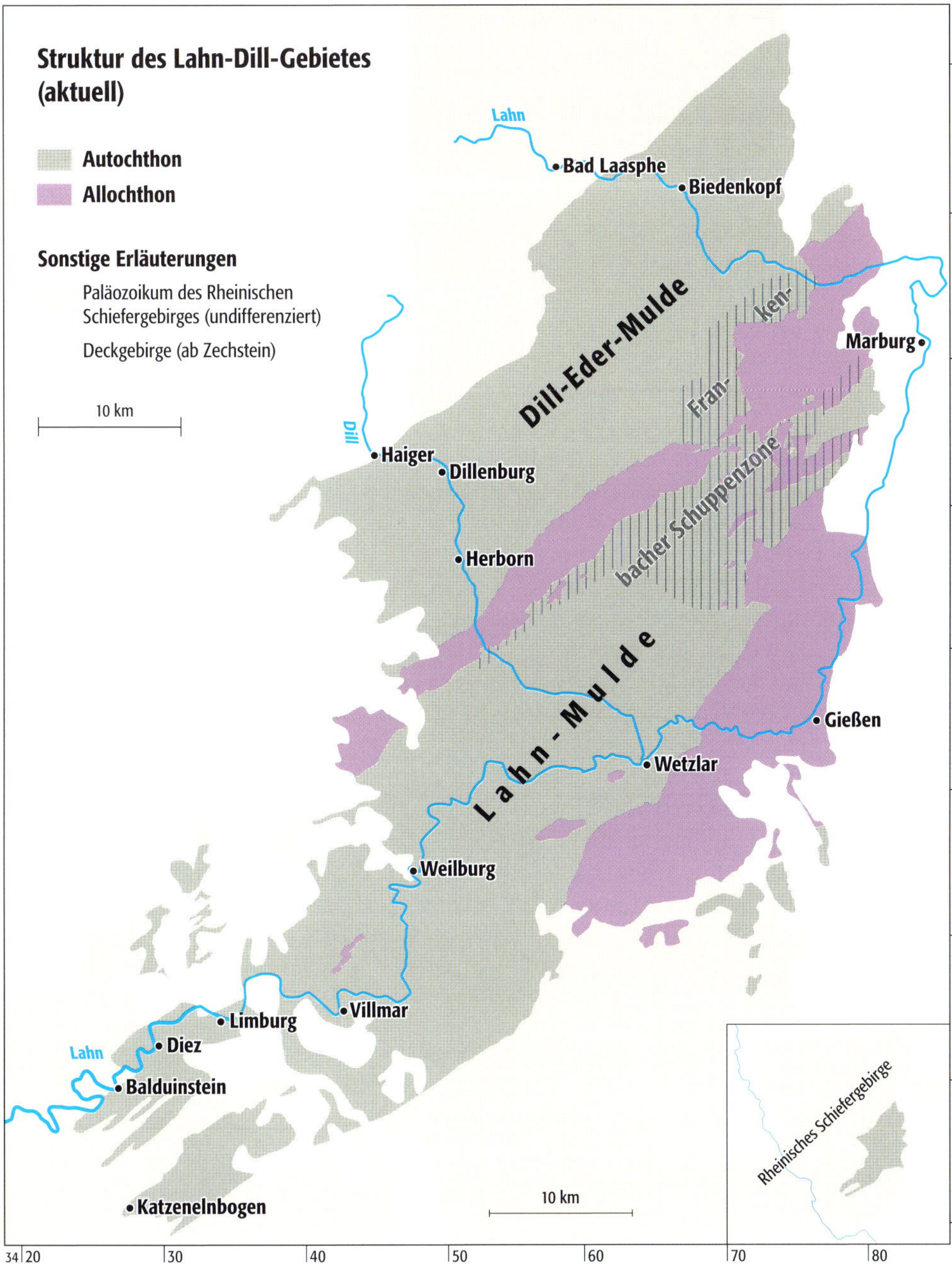
Struktur des Lahn-Dill-Gebietes (aktuell)
Autochthon
Allochthon
Sonstige Erläuterungen
Paläozoikum des Rheinischen Schiefergebirges (undifferenziert)
Deckgebirge (ab Zechstein)
10 km
Lahn
Bad Laasphe
Biedenkopf
Dill
Dill-Eder-Mulde
Fran-
ken-
bacher Schuppenzone
Marburg
Haiger
Dillenburg
Herborn
Lahn-Mulde
Gießen
Wetzlar
Weilburg
Villmar
Limburg
Diez
Lahn
Balduinstein
Katzenelnbogen
10 km
Rheinisches Schiefergebirge
50
40
30
20
10
00
56
90
80
70
55
34 20
30
40
50
60
70
80

Abb. 27

sogenannten Eifel-Quarzit überlagert, eine von mehreren unterschiedlich weit reichenden, vom Old-Red-Kontinent stammenden turbiditischen Sandschüttungen. Im Südwesten der Lahn-Mulde reichen die Tonschiefer der Wissenbacher Fazies bis in die Givet-Stufe (Oberes Mitteldevon).

Die Tonschiefer der Wissenbacher Fazies haben eine mittel- bis dunkelgraue Farbe, hervorgerufen durch einen hohen Gehalt an zu Anthrazit inkohlter organischer Substanz, und standen vielerorts als Dachschiefer in Abbau. Ihre Verwendung als Dachschiefer war allerdings durch den Gehalt an Karbonat wie auch an Pyrit beeinträchtigt. Wegen ihrer dunklen Farbe werden sie immer wieder irrtümlich für Schwarzschiefer gehalten. Es herrschten zwar keine aeroben, sondern als dysaerob bezeichnete Lebensbedingungen, d.h. trotz eines gewissen Sauerstoffmangels war vielfach ein Bodenleben möglich, wie entsprechende Fossilfunde zeigen. Im oberen Mitteldevon (Givetium) setzte sich die pelagische Sedimentation in den Styliolinen oder Tentakulitenschiefer.

Bedeutender als die klastische Sedimentation wurde im Givet ein bimodaler Vulkanismus, der bis in das frühe Oberdevon andauerte und deshalb als Givet-Frasne-Phase bezeichnet wird. Bimodal bedeutet, dass neben basischen auch saure, d.h. kieselsäu rereiche Schmelzen gefördert wurden. Mit diesen Aktivitäten wurde eine Intensivierung der Dehnung und damit weitere Ausdünnung der Kruste im Old-Red-Schelf angezeigt. Hierbei scheinen die vulkanischen Aktivitäten im Lahn-Dill-Gebiet besonders intensiv gewesen zu sein, gefördert durch eine verstärkte Zerblockung des Untergrundes. Bis zur Bildung ozeanischer Kruste hat die Dehnung im Rhenoherzynikum allerdings nicht gereicht. Erst weiter westlich hat die Dehnung im sogenannten Rhenoherzynischen oder Gießen-Lizard-Ozean zu ozeanischer Kruste geführt.

Metabasalte, als Diabase bekannt, überwiegen bei weitem. Sie sind aus alkalibasaltischen bis basanitischen Schmelzen hervorgegangen. Dehnungsbrüche, die sich zu Halbgräben von nur wenigen Kilometern Abstand staffelten, ermöglichten deren Aufstieg. Hierbei entstanden sich mit ihren Produkten überlappende Zentral- und keine Spaltenvulkane, wie sich aus der Faziesverteilung in den Vulkangebäuden wie auch aus der Fließorientierung der Schmelzen ableiten lässt. Zur Zentralfazies gehören die Fördergänge mit den davon abgehenden Laven,

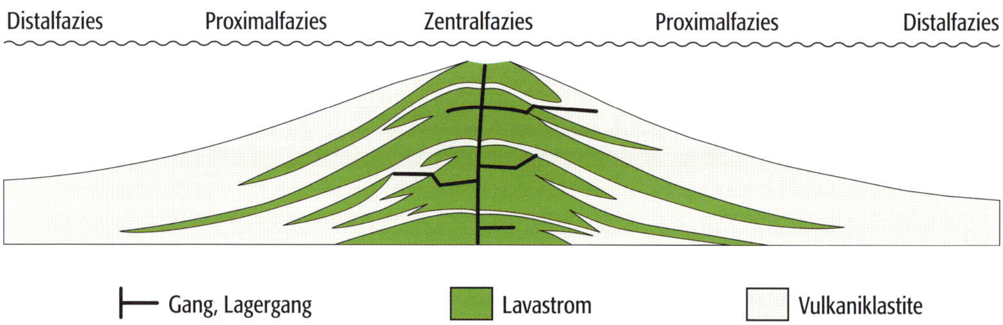

Abb. 28: Faziesmodell eines submarinen Vulkangebäudes der Givet-Frasne-Phase im Lahn-Dill-Gebiet (nach Flick & Nesbor 1990)

charakterisiert durch einen Wechsel von hell- und dunkelgrauen Lagen, von besonderer Bedeutung. Dazu kommen lokal Kieselschiefer und Plattenkalke sowie im Dill-Gebiet die Dillenburg-Formation. Sie besteht aus einer polymikten Folge aus vor allem Vulkanitklasten, die zu der früheren Bezeichnung Dillenburger Tuffe geführt haben. Die Ablagerungen der Dillenburg-Formation bilden den Abtragungsschutt von Vulkanbauten, eingeschlossen Tuffe und Tuffite, an denen die Alkalitrachyte bis peralkalischen Rhyolithe einen besonderen Anteil haben. In der Lahn-Mulde sind solche Ablagerungen homogener und wurden in den schon länger erschienenen Erläuterungen zu den geologischen Messtischblättern als Keratophyr-Schalstein oder Keratophyr-Tuffe bezeichnet. Das angesprochene Aussterbeereignis am Ende der Frasne-Stufe äußert sich in zwei geringmächtigen schwarzen Einschaltungen, im Schwellenbereich karbonatisch, in den Beckenbereichen tonig entwickelt. Sie werden nach einer Fundstelle im Harz als Kellwasserhorizonte benannt und sind Anzeiger einer euxinischen Fazies (d.h. O_2-freies Meerwasser ließ kein Bodenleben und damit keinen Abbau von organischer Substanz zu). Entsprechend findet sich darin keine bodenlebende Fossilfauna.

Nach dem Frasnium war die Sedimentation in den Beckenbereichen bereits ausgeglichener. Es herrschten als Cypridinenschiefer bekannt gewordene Ton- und Siltsteine vor. Cypridinen ist die frühere Bezeichnung für die relativ häufig auf Schichtflächen anzutreffenden Ostracoden. Die verbreitet rote Farbe rührt vom Eintrag vom Old-Red-Kontinent her und ist auf die dortige lateritische Verwitterung zurückzuführen (mdl. Mitt. J. Dvořak, Brünn 1991). Den Übergang von der Karbonatfazies zur klastischen Fazies bilden die Kalkknotenschiefer, in denen die Trennung der bei der Ablagerung enthaltenen Kalkkomponente in Kalkknollen und -knoten von einer frühdiagenetischen Sammelkristallisation herrührt.

Abb. 33: Kalkknotenschiefer aus dem mittleren Oberdevon (tiefere Famenne-Stufe) am Schiffstunnel in Weilburg (Mittlere Lahn-Mulde)

Bis zum Ende des Oberdevons machte sich der Old-Red-Kontinent immer wieder durch Sandschüttungen bemerkbar, die durch Suspensionsströme verteilt wurden und selten bis in den Bereich der Lahn-Mulde reichten.

Aus dem höheren Oberdevon sind lokal noch einmal vulkanische Aktivitäten mit der Förderung von sogenannten primitiven alkalibasaltischen Schmelzen bekannt. Das dokumentiert sich darin, dass bei einem schnellen Aufstieg ohne Unterbrechung (in Stunden bis wenigen Tagen) keine Veränderungen im Chemismus der Schmelze erfolgten, d.h. keine Differentiationsvorgänge abliefen. So konnten Mantelbruchstücke (ehemalige Lherzolithknollen) bis zur Oberfläche gefördert werden. Bisher sind solche Meta-Lherzolithknollen in der Dill-Eder-Mulde und der Lahn-Mulde gefunden worden. Vulkanische Nachphasen mit primitiven Schmelzen nach einigen Millionen Jahren Unterbrechung sind sehr typisch für einen Intraplattenvulkanismus.

Im Verlauf des höheren Oberdevons (Famennium) konnten die vielfältigen Ablagerungen das submarine Relief weitgehend ausgleichen. Das Ende des Devons, die Dasberg-Stufe, brachte im Bereich des Westerwaldes mit den grauen bis grüngrauen Hangenberg-Schiefern eine geringmächtige einheitliche, lückenhaft verbreitete Tonsedimentation, die in die Periode des Karbons überleitet.

4.2.3 Karbon (Unterkarbon)

Wie eben angeführt, ist der stratigraphische Übergang vom Devon zum Karbon unauffällig gleitend. Allerdings hat sich damit ein Wechsel in den Sedimentationsbedingungen angekündigt. Die Zufuhr von klastischem Material vom Old-Red-Kontinent auf den Schelfraum des Rhenoherzynikums kam zum Erliegen, so dass der karbonische Anteil der Hangenberg-Schiefer zwar das gesamte Unterkarbon I (unteres Tournaisium) einnimmt, dies aber bei nur wenigen Metern Mächtigkeit. Das Nachlassen der Sedimentzufuhr geht auf die inzwischen soweit fortgeschrittene Abtragung auf dem Old-Red-Kontinent zurück, dass das Meer weit übergreifen konnte und die Zufuhr klastischen Materials auf den Schelf zum Erliegen brachte. In der Folge wurde der Sedimentationsraum zweigeteilt. Landnah konnte sich im sogenannten Kohlenkalk eine riesige Karbonatplattform entwickeln, die bis in das heutige Nordamerika reichte, aber randlich noch auf den Nordwesten des rechtsrheinischen Schiefergebirges übergriff. Rutschmassen von dort erreichten im höheren Unterkarbon den Raum des Westerwaldes.

Der Beckenbereich vor dem Kohlenkalk gehörte zur Kulmfazies, die sich im weiteren Verlauf durch eine sogenannte Hungersedimentation auszeichnete. Die Hangenberg-Schiefer werden nach oben zunehmend dunkler und im Unterkarbon II (*Pericyclus*-Stufe, mittleres bis höheres Tournaisium) von den Liegenden Alaunschiefern abgelöst. Es handelt sich um tiefschwarze (kohlenstoff- und pyritreiche), etwas kieselige Tonschiefer, die auch nur bis 15 m Mächtigkeit erreichen und als euxinisches Sediment erneut fehlenden Sauerstoff im Meerwasser anzeigen.

Typisch ist dabei das Auftreten von Phosphoritknollen. Der Name Alaunschiefer bezieht sich auf deren frühere Nutzung zur Gewinnung von Alaun. Dazu wurden die Schiefer den Atmosphärilien ausgesetzt. Hierbei führte die Oxidation des Pyrits zur Bildung von Schwefelsäure, die sich wiederum in einer Zersetzung der Tonschiefer auswirkte. Das dadurch aus den Tonmineralien freigesetzte Kalium und Aluminium reagierte seinerseits mit der Schwefelsäure unter der Bildung von Alaun.

Die Alaunschiefer gehen in die schwarzen („Lydite") und nach oben zunehmend bunten Kulm-Kieselschiefer über, die das weitere Unterkarbon II (höheres Tournais, tieferes Visé) vertreten. Zentimeterdünne kieselige Lagen wechseln mit tonigen Lagen, an denen dünne rhyodazitische Tuffe beteiligt sind.

Die Kieselschiefer schwanken stark in ihrer Mächtigkeit. Sie können örtlich auch fehlen, weil sich nach unbedeutenden Vorläufern seit Ende des Oberdevons ein zweiter vulkanischer Zyklus voll entwickelt und dabei ein neues submarines Relief geschaffen hat. Die hierbei erkennbare größere Tiefe der submarinen Eruptionen belegt die noch andauernde Dehnung auf dem Old-Red-Schelf, die den Aufstieg der Schmelzen beförderte.

Abb. 37: Unterdevon im Nistertal, Thal bei Wissen

etwa 300 Ma, d. h. am Ende des Karbons im mitteleuropäischen Verständnis. Der Raum des Westerwaldes war etwa zwischen 320 und 312 Ma betroffen. Diese Zahlenangaben basieren auf der radiometrischen Datierung während der Deformation neu gewachsener Schichtsilikate und bestätigen die Wanderung der Deformation von Süden nach Norden, wie das bereits aus den nach Norden jünger werdenden Schüttungen von Grauwacken geschlossen worden war. Man geht von einem durchschnittlichen Zusammenschub auf die Hälfte aus, im Süden mehr, im Norden weniger. Da der Westerwald etwa in der Mitte liegt, dürfte diesem der Durchschnittswert in etwa entsprechen. Das bedeutet, dass die ursprüngliche Breite quer zum Streichen vor der Verformung bei ca. 70 km lag. Daraus lässt sich bei der ablaufenden Kontinent/Kontinent-Kollision für den Zusammenschub eine Geschwindigkeit der Einengungsbewegung von knapp 1 cm/a ableiten.

In der Folge wurden die Schichtfolgen gefaltet, die feinkörnigen dabei auch geschiefert. Aus ehemaligen untermeerischen Rücken wurden größere Sättel (faziesgebundene Tektonik). Aus Abschiebungen wurden Überschiebungen, wie bei der im Kapitel Unterdevon genannten Siegener Hauptstörung (Siegener Hauptüberschiebung) oder der Boppard-Görgeshausener Überschiebung. Reine Biegefalten erlauben eine Einengung bis etwa ein Drittel, bei stärkerer Einengung kommt es zu deren Zerscherung mit Unterdrückung der Liegendflügel der Sättel. Dies erklärt die z. T. heftige Schuppentektonik vor allem im südlichen Rheinischen Schiefergebirge, den Westerwald eingeschlossen. Aus der Richtung der Einengungsbewegung von Südost nach Nordwest folgt eine Kipprichtung der Strukturen, d. h. bei den Falten ist der NW-Flügel gegenüber dem SE-Flügel steiler, eventuell auch überkippt. Überschiebungen und Schieferung fallen nach Südosten ein. Mit der Einengungsbewegung sind mit Quer- oder Diagonalstörungen weitere Bruchstrukturen verbunden.

Krustenverkürzung bedeutete gleichzeitig Krustenverdickung, d.h. die paläozoische Schichtenfolge wurde mit dem Faltungs- und Überschiebungsvorgang, in den der Deckenstapel einbezogen war, auch versenkt. Damit ging eine leichte örtliche Metamorphose einher, die im Westerwald eine Temperatur von 300 °C nicht überschritten hat. Unter diesen Bedingungen entstand in Zusammenhang mit der Biegescherfaltung die Transversalschieferung, die aus der dadurch möglich gewordenen Gewinnung von Dachschiefern für die Namengebung des Rheinischen Schiefergebirges ursächlich war. Für die Vulkanite bedeutet dies, dass das Ausmaß der Regionalmetamorphose die mineralogischen Veränderungen aus der diagenetischen Alteration i. A. nicht übertraf.

4.3.1.1 Armorikanische Decken

Die Wiederbelebung des Gedankens einer Deckentektonik im Rheinischen Schiefergebirge erfolgte mit der Neuinterpretation der Gießener Grauwacke. Dabei hat sich die Gießen-Decke als zweiteilig mit unterschiedlichem Alter erwiesen, einem größeren südlichen Teilbereich mit Unterkarbon- und einem kleineren mit tieferem Oberdevon-Alter. Zudem sind aus der Grauwackenfolge liegende Falten bekannt, ein Faltenstil, der im Autochthon in dieser Intensität nicht anzutreffen ist.

Im Weiteren wurde aus der Hörre-Zone die Hörre-Decke, ausgehend von dortigen Grauwacken mit höherem Oberdevon- und tieferem Unterkarbon-Alter, die sich nicht in die autochthone Schichtenfolge einfügen. Andererseits fehlen in der Hörre dem Deckdiabas vergleichbare Vulkanit-Einschaltungen aus dem Unterkarbon. Darüber hinaus zeichnet sich die Hörre-Decke durch einen intensiveren tektonischen Baustil aus und führte lokal ebenfalls zu liegenden Falten.

Aus diesem Zusammenhang war eine Gewinnung unterkarbonischer Tonsteine bei Sinn/Dill als Dachschiefer möglich, die somit die jüngsten im Rheinischen Schiefergebirge darstellen. In der Hörre-Decke finden sich auch Einschuppungen anderer Deckeneinheiten, so die zur Steinhorn-Decke zugerechneten exotischen Karbonate, wie dem Greifensteiner Kalk an dessen Typlokalität, der aus dem Tepla-Barrandium in Böhmen abzuleiten ist.

Beiderseits der Hörre-Decke zeigt sich eine besonders starke Verschuppung der geologisch trennbaren Einheiten. Sie sind räumlich als Frankenbacher Schuppenzone zusammengefasst worden. Die in der Folge bei gezielten Probennahmen möglich gewordenen Provenienzanalysen an Zirkonen aus grobklastischen Sedimenten, erweitert auf das Gebiet des Kellerwaldes, brachten den Beweis für das Ausmaß der Deckentektonik im Rheinischen Schiefergebirge. Hieraus ergab sich die Notwendigkeit, in der tektonischen Zerstückelung der Frankenbacher Schuppenzone mit Steinhorn- und Lohra-Decke weitere armorikanische Deckeneinheiten auszuscheiden. Im Unterschied zu Gießen-Decke und Hörre-Decke handelt es sich lediglich um kleine isolierte Relikte.

4.3.1.2 Rhenoherzynische (Avalonische) Decken

Im Lahn-Dill-Gebiet, wie auch im Kellerwald und damit schon außerhalb des Westerwaldes, finden sich eingeschuppt geologische Einheiten, die zwar nicht dem

5

Lebensspuren im Gestein

Hermann Josef Roth

Der Rhein und seine größeren Nebenflüsse haben sich tief in den Sockel des Rheinischen Schiefergebirges eingeschnitten. Die Talwände gestatten gleichsam einen Blick in das Archiv der Erdgeschichte.

In den meisten Fällen liegen diese alten Oberflächen nicht mehr exakt an den Stellen, wo sie sich ursprünglich einmal befunden haben. Gerade im Rheinprofil ist vielfach zu erkennen, dass die Gesteinspakete aus ihrer einstigen horizontalen Lagerung zum Teil sehr steil verstellt sind, was nur unter der Annahme starker seitlicher Schubkräfte möglich ist.

Die Grauwacken sind Stücke aus einem ehemaligen Lebensraum. Aus der feinen Körnung des Gesteins, aus den darin steckenden Fossilien und anhand mancherlei weiterer Befunde ergibt sich, dass diese Schichtmaterialien im Unterdevon unter Flachmeerbedingungen abgesetzt worden sind. Die Schichtfolgen, wie sie beispielsweise in den Wänden der Hammersteiner Ley anstehen, sind komplette Serien ehemaliger Meeresböden.

Zeitweise wurden diese durch Eintrag von Erosionsschutt so stark mit Schlamm und Sand aufgefüllt, dass das Meer regelrecht abgedrängt wurde. Große Wattengebiete mit Salzmarschen dehnten sich aus — ein Lebensraum vom Aussehen und mit den Eigenschaften etwa der Schlick- und Mischwatten, wie sie sich heute entlang der Nordseeküste erstrecken. Fossile Wellenfurchen, meist Rippelmarken genannt, zeigen diese Verhältnisse ebenso an wie mit Wattenschlick angefüllte Priele, die sich hin und wieder im Anschnitt der Schichtpakete erkennen lassen.

Abb. 46: Rippelmarken bei Au/Sieg. Inzwischen zerstört

5.1 Als die Pflanzen an Land gingen

In jenem Abschnitt der Erdgeschichte vollzogen die Lebewesen einen bedeutsamen Entwicklungsschritt. Nachdem erstmals in vordevonischer Zeit größere Festlandareale zur Verfügung standen, begannen die Organismen damit, ihren angestammten marinen Lebensraum allmählich zu verlassen und sich an das Leben auf dem trockenen Festland anzupassen.

Anhand der Pflanzenfossilien aus dem Unterdevon lässt sich der Neuerwerb immer besserer Anpassungsmerkmale verfolgen. So finden sich in den Siegener Schichten noch zahlreiche Reste untergetaucht lebender, flutender Pflanzen aus sehr einfachen, gabelig-verzweigten Achsensystemen neben solchen, die bereits binsenähnlich aufrecht wuchsen. Diese Pflanzen besaßen schon eine etwas derbere Außenhaut, die während der Ebbe oder auf höher gelegenen Strandstandorten vor Austrocknung schützte. Außerdem kommen hier zum ersten Mal auch Spaltöffnungen vor, die alle echten landlebenden Pflanzen besitzen und zum Gasaustausch mit der freien Atmosphäre benötigen.

Nur ganz selten finden sich in den pflanzenführenden Schichten der Siegen-Stufe gleichzeitig auch tierische Fossilien. Allenfalls Muscheln, die möglicherweise angeheftet an Pflanzenstängeln lebten, sind bekannt. Die devonischen Küstensäume werden daher noch relativ leblos gewesen sein, ganz im Gegensatz zu den Wattengebieten der heutigen Nordseeküste.

Während des größten Teils des Mittel-Siegens und auch für eine längere Zeitspanne des Ober-Siegens senkte sich der Meerestrog rascher ab, als er durch Sedimentzufuhr von Norden und Süden verfüllt werden konnte. In diesen Abschnitten wurden Teile unseres Gebiets nicht von weiten Wattflächen oder Küstensümpfen eingenommen, sondern nahezu vollständig vom Meer überflutet. In den Schichtgliedern dieser Zeitstellung fehlen nämlich Pflanzenfossilien vollständig.

5.2 Altzeitliche Tierwelt

Dafür tritt eine charakteristische Fauna auf, die nur unter Hochseebedingungen – allerdings in einem nicht allzu tiefen Meeresgebiet – gelebt haben kann. Einige Fossilfunde haben dazu ein überraschend reichhaltiges Material beigetragen. Erwartungsgemäß sind in diesen fossilen Faunen vor allem solche Tiergruppen vertreten, die Hartstrukturen wie Schalen oder Skelette besitzen. Wo solche Hartteile fehlen, sind die Erhaltungs- und Wiedergabechancen im Gestein minimal.

Zu den häufigsten Tierfossilien des rheinischen Unterdevons, die man oft sogar in Bruchsteinmauern wiederfindet, gehören

Abb. 47: Stielglieder (Trochiten) von Seelilien (Crinoidea)

Abb. 48: Seelilie (*Lophocrinus minutus*) gesamt mit „Haarkranz" und Stiel, kleine Art, ca. 7 cm; daneben Poseidonsmuschel (*Posidonia* sp.) – Erdbach: Kulm

Abb. 49: Zwei Schlangensterne aus dem Unterdevon von Hirtscheid

die Stängelglieder von Seelilien oder Haarsternen (Crinoidea), volkstümlich auch einfach als „Bonifatiuspfennige" bezeichnet. Es sind dünne, kreisrunde Scheibchen mit einer feinen Radialstreifung, die wie Einzelmünzen oder Geldrollen im Gestein liegen. Nur selten findet man diese Stachelhäuter (Echinodermata) komplett mit erhaltenem Stiel, Kelch und Fangarmen, denn das Außenskelett zerfällt nach dem Tod der Individuen sehr rasch in seine einzelnen Bauteile.

Zu den Stachelhäutern gehören auch die Schlangensterne (Ophiuroidea). Gleich zwei Exemplare von *Lophocrinus minutus* sind in einem Fundstück aus Hirtscheid (Emsium) vereint, das seinerzeit wegen der Seltenheit Aufsehen erregte.

Fast ebenso häufig finden sich Tierreste, die mit Muschelschalen verwechselt werden könnten. Diese Brachiopoden oder Armkiemer besitzen jedoch nicht wie Muscheln eine links- und rechtsseitige Kalkschale, sondern eine Bauch- und Rückenklappe. Beide Schalen sind nicht deckungsgleich. Vielmehr übergreift die größere Rückenklappe die Bauchklappe. Durch eine Öffnung in dieser Schale können die Tiere einen muskulösen Stiel vorstrecken und sich damit auf festen Unterlagen anheften. Der Meeresboden zur Zeit des Devonmeeres muss geradezu rasenartig von solchen Brachiopoden bedeckt gewesen sein, denn nicht selten sind auf Fundstücken ganze Schalenvereine erhalten. Gelegentlich zeigen sich auch Packlagen von Schalenbruchstücken, ähnlich dem Muschelschill an den Spülsäumen unserer heutigen Strandlinien. Gerade unter den Brachiopoden gibt es eine Reihe von Arten und Formen, die als sogenannte Leitfossilien für die genauere Aufgliederung und Unterscheidung der einzelnen Schichtglieder in den mächtigen Gesteinspaketen des Unterdevons von praktischer Bedeutung sind.

In Fällen lückenloser Überlieferung gut erhaltener Fundstücke ist sogar die allmähliche Fortentwicklung der Formmerkmale und damit die Evolution der Arten unmittelbar nachweisbar. Berühmt geworden ist etwa die Typreihe, die vom Brachiopoden *Brachyspirifer carinatus rhenanus* über *Brachyspirifer ignoratus* zum *Paraspirifer cultrijugatus* führt. Seit 1971 ist diese beeindruckende Entwicklungsreihe, die die Wandlung eines Brachiopoden-Typs über rund 20 Millionen Jahre hinweg umfasst, im Detail bekannt.

Braunkohlezeit – dieser Begriff steht im Kreuzworträtsel noch für das Tertiär und liefert eine Gedächtnishilfe für den Charakter jener Epoche, die vor etwa 66 Millionen Jahren begann und bis zum Beginn des Quartärs vor 2,6 Millionen Jahren dauerte. Offiziell spricht man neuerdings auch nicht mehr vom Tertiär, sondern unterscheidet innerhalb dieser erdgeschichtlichen Phase Paläogen und Neogen. Das Klima war zu der Zeit wesentlich wärmer als heute. Hier stoßen wir weitgehend auf ein Bild, das bereits unserer heutigen Pflanzen- und Tierwelt ähnelt oder sogar gleicht.

Um eine Vorstellung davon zu vermitteln, wo diese Kenntnisse gewonnen worden sind, sollen wenigstens einige der bekannteren Fossilfundpunkte vorgestellt werden. Die in ihrer Art auch für die Biologie wichtige, inzwischen oberflächlich verschwundene Fundstätte in Hennef-Rott wird deshalb ungleich ausführlicher beschrieben.

5.3 Altzeitliche Fossilfundpunkte

5.3.1 ICE-Trasse

Entlang der Baustelle der ICE-Trasse Köln-Frankfurt entstanden vorübergehend Aufschlüsse im Siegenium (mittleres Unter-Devon). Die Abfolgen in den stratigraphisch tiefsten Profilen werden als Ablagerungsbereiche eines Flussdeltas und von Lagunen verstanden. Hier konnten erstmalig für das

Siegenium im Rheinischen Schiefergebirge terrestrische Spinnentiere (Arachnidae), bestimmte Kieferklauenträger (Chasmataspididae) und Riesen-Gliederfüßer (Arthropleuridae) festgestellt werden.

Die stratigraphisch höheren Profile Epgert, Krunkel und Grube Georg entstanden dagegen aus Ablagerungen eines zum Meer offenen Flachwasser-Bereichs. Diese lassen sich dem Mittel- und Ober-Siegenium zuordnen und sind zusammengesetzt aus Versteinerungen von Meerestieren, wie Brachiopoden, Trilobiten, Moostierchen (Bryozoa), Korallen und Muscheln.

Acrospirifer primaevus, **Armklappe**

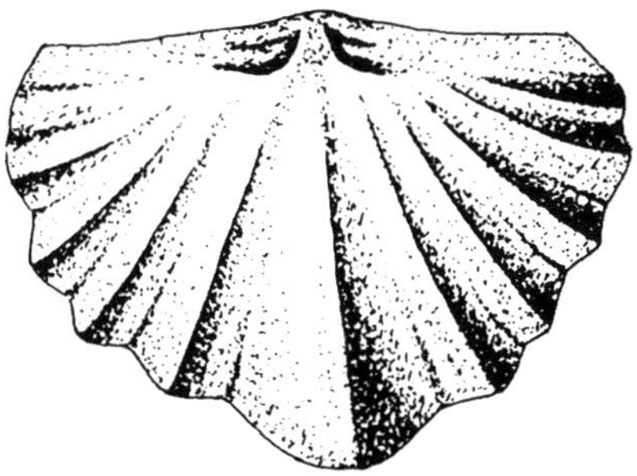

Acrospirifer primaevus, **Stielklappe**

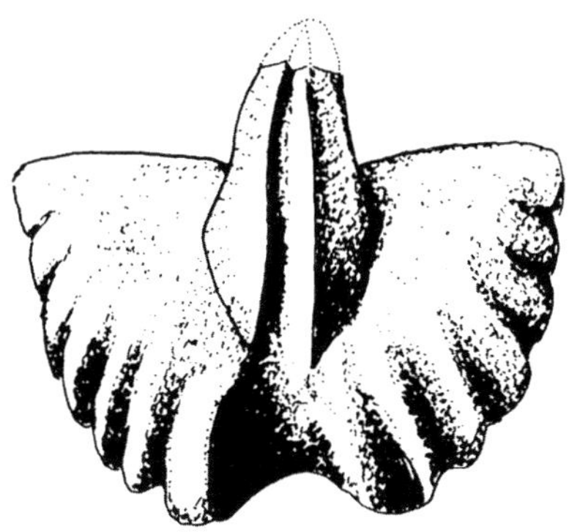

Abb. 50: *Acrospirifer primaevus*

5.3.2 Seifen

Etwa 800 m südöstlich des Bahnhofs hatten Landstraße und Bahngeleise einen wichtigen und bekannten Fundpunkt für die fossile Fauna des oberen Mittel-Siegenium angeschnitten. Es handelt sich bei der hier besprochenen Fundstelle um die stratigraphisch älteste. Bereits die Erstbeschreibung durch Dahmer (1934) verzeichnet 130 Taxa.

Bis zuletzt erwies sich der Ort als ergiebig und artenreich. Brachiopoden, Tentaculiten, Seelilien, Trilobiten (*Homalonotus*) können neben anderen Formen gefunden werden. Die vollständige Wiedergabe der langen Fundliste ist hier nicht möglich. Südöstlich bei Niederähren besteht ein bemerkenswerter Fundort nicht zuletzt für fossile Pflanzen. Der Steinbruch in der Mühlmerich bei Eichen besitzt eine sehr ähnliche Fauna wie Seifen. Bemerkenswert ist der Fund eines fossilen Fisches (*Machaerochanthus kayseri*).

Nicht zur Mittleren, sondern zur Unteren Siegenstufe gehören Fischreste, die in dem Steinbruch südlich des Hofes Lahr bei Oberlahr geborgen werden konnten.

5.3.3 Kroppacher Schweiz

In dem so genannten mittleren Teil des Tales der Großen Nister sind wiederholt Fossilien festzustellen. Nur einige Möglichkeiten seien genannt. Am Weg nach der Helmerother Mühle südlich des gleichnamigen Ortes an der Nister: Fundmöglichkeit von Brachiopoden (*Schizophoria provulvaria*, *Stropheodonta murchisoni* und *Str. segwicki rudis*, *Athyris avirostris*). Der Fundort befindet sich wie die beiden folgenden im Bereich des Wehbacher Sattels der mittleren Siegener Schichten. In dem kleinen Tälchen westlich von Altburg treten fossile Schnecken (*Tentaculites* sp.) auf. Südlich des Ortes am rechten Nisterufer sind es Muscheln (*Actinodesma lamellosum*) neben einzelnen Fischresten und häufig anzutreffenden Stielgliedern von Seelilien (Crinoidea). Nördlich von Idelberg auf der linken Nisterseite finden sich Brachiopoden (*Schizophoria provulvaria*, *Acrospirifer* (*Hysterolites*) *primaevus*).

5.3.4 Erdbach

Zwei fossilführende Schichten sind hier zu unterscheiden: Oberdevon und Unterkarbon (Kulm). Der zusammenhängende Riffkalkkomplex aus Iberger Kalk zwischen Erdbach und Breitscheid wird von Stromatoporan, Korallen und Brachiopoden aufgebaut, wobei Lagen letzterer seltener auftreten. Südlich des Ortes in Richtung Farbmühle stehen an der Wegböschung und in einem kleinen Steinbruch Kulmtonschiefer an mit Goniatiten, Trilobiten, Posidonien und *Orthoceras*-Formen. Im Unterkarbon finden sich auch versteinerte Pflanzen, darunter die gefiederten Wedel des hübschen Cycasfarnes *Noeggerathia foliosa*.

5.3.5 Herborn

Der Steinbruch am Weinberg hat Kulm-Tonschiefer (Unterkarbon) aufgeschlossen und ist so zu einer bekannten Fossilfundstätte geworden, die als Naturdenkmal unter Schutz steht. Hier liegt eine ähnliche Fauna vor wie im Kulm von Erdbach. Vor allem Arthropoden sind anzutreffen, aber auch reichlich fossile Pflanzen.

5.3.6 Langenscheid

Die Umgebung des Ortes bietet mehrere Fundpunkte der Unterdevon-Fauna. Erwähnt sei ein Steinbruch im unteren Daubachtal (Singhofener Schichten des Unter Ems mit Brachiopoden, z. B. *Chonetes semiradiata*, *Camarotoechia daleidensis*, *Spirifer pellico* und *Sp. arduennensis latestriatus*, *Tropidoleptus rhenanus*) und ein kleiner Bruch an der Straße von Balduinstein nach Langenscheid. Weitere vereinzelte Fossilfundpunkte sind am Ostufer des Schwarzbachtals auszumachen.

5.4 Neuzeitliche Fossilfundpunkte

5.4.1 Blätterkohle von Rott

Ergiebigkeit, Formenfülle und Erhaltungszustand ihrer Fossilien stellen die tertiärzeitliche Blätterkohle von Rott bei Hennef „zu den großen klassischen Fundpunkten". Der Fundpunkt liegt zwischen Pleis- und Dürresbach am Nordrand des Niederwesterwaldes zur Köln-Bonner-Bucht. Die Formation umfasst auch Braunkohle und Silikatgesteine (Diatomite und Polierschiefer) aus dem obersten Oligozän.

Die Blätterkohle entstand aus Ablagerungen eines Sees, die zu Faulschlammkohle erhärteten (Pelite). Bäche schleppten aus dem näheren Umland organische Reste und Lockergestein (Trachyttuff aus dem Siebengebirge) in den See, der zunächst wohl nur periodisch und nicht flächendeckend überflutet war. Erst nach Abdichtung des Untergrundes und Nivellierung des Beckenbodens konnte ein größeres und ständiges Gewässer entstehen, das schließlich eutrophierte. Eine etwa 30 cm dicke Schicht aus Schwefelkies (Pyrit) markiert das Ende dieser Phase. Darüber lag der berühmte, aber nur 1,70 m mächtige Blätterkohlen-„Flöz", in den außer Polierschiefer noch Hornstein eingeschaltet war.

Wirtschaftliches Interesse galt dem wachsartigen Kerogen, einem Sediment organischer Herkunft. Die feinschichtige Blätterkohle befindet sich hier in einer Teufe von 20–30 m.

Der Name „Blätterkohle" weist auf die feine Schichtung abwechselnd von Tonmineral- und Opal-Plättchen. Anders als heutige Seen, bei denen die Wasserschichten im Gang der Jahreszeiten durchmischt werden, war im Rotter See diese Schichtung unabhängig von der Temperatur. Nur das Oberflächenwasser befand sich in ständiger Bewegung. In der Tiefe sorgten organische

Abb. 51: Rekonstruktion des tertiären Lebensraumes Rotter See

Sinkstoffe für hohe Sauerstoffzehrung, was wiederum die Fossilierung begünstigte. Eutrophie führte wiederholt zu „Algenblüte“, was kurzzeitiges Massensterben zur Folge hatte. Dennoch erholte sich das Gewässer offenbar relativ schnell. Die Sedimentationsrate blieb eher gering.

Tonige Braunkohlen, in denen keine fossilen Fische mehr auftreten, deuten auf Verlandung hin. Sie verlief nicht kontinuierlich und wurde gelegentlich durch Überflutung unterbrochen. Offene und flache Tümpel im versumpften Gelände boten nun Amphibien günstige Lebensbedingungen.

Siltig-sandige Tone, darin Sande und Kiese, Wurzelhorizonte und bescheidene Lagen von Kohle bilden die oberste noch dem Tertiär angehörende Schicht (16 m) dar. Sie verraten, dass der Rotter Sumpf abermals überflutet worden ist, jetzt durch mäandrierende Fließgewässer.

Seit 150 Jahren ist man mit der Analyse der Rotter Pflanzenwelt beschäftigt. Obwohl oft nur Blätter erhalten sind, was eine Bestimmung der Arten erschwert, ist das Bild der Rotter Flora recht vollständig. Sie umfasst zunächst Kieselalgen (Diatomeae), Gold- (Chrysophyceae) und Grünalgen (Chlorophyceae). Als größere Formen fallen Armleuchteralgen (Charophyceae) auf. Ferner ist erstaunlich, dass trotz ihrer Zartheit fünf verschiedene Arten Laubmoose (*Musci*) erhalten sind, darunter das Rotter Haarmützenmoos (*Polytrichum rottense*).

Abb. 52: *Asterocalamites scrobiculatus*, ein fossiler Schachtelhalm, gefunden am Stürzelberg bei Herborn und Beweis für ähnliche Lebensbedingungen an anderen Orten des Westerwaldes

Nur vereinzelt sind Farn und Schachtelhalm belegt.

Auch Nacktsamer (Gymnospermae) sind in Rott mit wenigen Gattungen der Zypressen- (Cupressaceae) und Kieferngewächse (Pinaceae), darunter die Wasserfichte (*Glyptostrobus* sp.). Am bekanntesten ist der Urwelt-Mammutbaum (*Metasequoia glyptostroboides*).

Die Mehrzahl der Pflanzenfunde stammt von Bedecktsamern (Angiospermae). Nur wenige Einkeimblättler sind darunter: eine Palmenart, die zu den Liliengewächsen zählenden Stechwinden (*Smilax* sp.), Binsen und Sauergräser.

Dem steht die Fülle der Zweikeimblättler gegenüber, von hier nur einige genannt werden können; zuerst natürlich Wasserpflanzen wie Seerosen (*Nymphaea* sp.) oder Krebsschere (*Stratiotes*). Erwartungsgemäß trifft man im Übrigen auf Pflanzen, die vorzugsweise in warmen oder gar tropischen Breiten heimisch sind, etwa Lorbeergewächse (Lauraceae) oder die pharmazeutisch genutzte *Cassia* (Caesalpiniaceae). Andere sind dagegen eher in gemäßigten Zonen verbreitet, etwa der Tupelobaum (*Nyssa silvatica*), wie die Sumpfzypresse typisch für Sumpflandschaften und daher in der Braunkohle häufig. Magnolien (Magnoliaceae) gedeihen dagegen von Natur aus sowohl in tropischem wie gemäßigtem Klima, ähnliche wie Zürgelbaum (*Celtis* sp., Ulmaceae) oder ein tertiärer Götterbaum (*Ailanthus* sp.) aus der Familie der Bittereschen (Simaroubaceae). Unsere heutige Flora ist vertreten durch Gagel- (Myricaceae) und Ahorngewächse (Aceraceae), Flügel- (*Pterocarya*) und Walnuss (*Juglans* sp.). Am häufigsten sind Blatt- und Zweigreste der wärmeliebenden Breiapfelgewächse (Sapotaceae). Gut 630 Insekten-Arten haben die Blätterkohle, genauer die Polierschiefer von Rott berühmt gemacht. Allein Wanzen (*Heteroptera*) stellen ein Viertel der Funde, gefolgt von Zweiflüglern (*Diptera*), Käfern (*Coleoptera*), Libellen (*Odonata*) und Hautflüglern (*Hymenoptera*), ferner Steinfliegen (*Plecoptera*), Schaben (*Blattoptera*), Termiten (*Isoptera*), Heuschrecken, Zikaden (*Auchenorrhyncha*), Netzflügler (*Neuroptera*), Köcherfliegen (*Trichoptera*), Schmetterlinge (*Lepidoptera*) oder Schnabelfliegen (*Mecoptera*).

Bei Libellen stieß man gelegentlich auf erstaunliche dichte Vorkommen an einer Stelle oder fand ihre Gelege (Eibogen) als Abdruck auf Laubblättern. Unter den Käfern fällt das sonst eher seltene Auftreten von Hirsch- (*Lucanidae*) und Bockkäfern (*Cerambycidae*) auf. Große Beachtung fanden die Reste von Bienen (*Apidae*). Am häufigsten unter den Hautflüglern sind geflügelte Ameisen (*Formicidae*), also Tiere vor oder während des Begattungsfluges.

Anhand der Funde entsteht ein lebendiges Bild des Rotter Sees: 1. Den Seeboden oder die bodennahe Wasserschicht bewohnten Schwimm- und Ruderwanzen (*Heteroptera*), spezialisierte Käfer wie der häufige *Oreodytes cryptolineatus*, ein Verwandter unseres Gelbrandkäfers, ferner Larven von Libellen, Zuckmücken (*Chironomidae*) und Gnitzen (*Ceratopogonidae*). 2. Nahe der Wasseroberfläche tummelten sich Rückenschwimmer (*Notonectidae*) und Büschelmücken (*Chaoboridae*). 3. Über die Seefläche glitten Wasserläufer (*Gerridae*). Zwischen Schwimmpflanzen zogen Taumelkäfer (*Palaeogyrinidae*) ihre Bahnen. Mit ihrer Abdomenspitze hingen Larven von Waffenfliegen (*Stratiomyiidae*) am Wasserspiegel um zu atmen.

Ferner tummelten sich hier Wasserschnecken und Muschelkrebse (*Ostracoda*). Von den Wirbeltieren sind Fische am häufigsten vertreten. Es handelt sich fast ausschließlich um Weißfische (Karpfenartige, *Cypridinae*), wie *Palaeorutilus papyraceus*. Vereinzelt sind ein 40 cm langer „Hecht" (*Esox papyraceus*) und ein „Stint" (*Osmerus solitarius*)

Abb. 53: Fossile Honigbiene (*Apis henshawi dormiens*; 13 mm), Rott

von 6,5 cm Länge bekannt. Da letzterer ein Wanderfisch ist, muss der Rotter See über Flüsse mit dem Nordmeer in Verbindung gestanden sein, wovon sein Süßwassercharakter allerdings unberührt blieb.

Unter den Amphibien fällt der „Riesensalamander" (*Andrias scheuchzeri*) auf, der immerhin 40 cm Länge zu Lebzeiten erreicht haben dürfte. Außerdem wurden Schwanzlurche der Art *Chelotriton paradoxus* gefunden.

Mindestens sechs verschiedene Froscharten sind aus Rott bekannt. Überwiegend treten „Wasserfrösche" (*Palaebatrachidae*, drei Arten) auf. Erwachsene Krötenfrösche (*Pelobatidae*), von denen vier Exemplare der Art *Pelobates decheni* aus Rott bekannt sind, lebten dagegen an Land. Schließlich

Abb. 54: Wasserfrosch (*Palaeobatrachus diluvianus*; ca. 6 cm), Rott

sind zwei Arten der echten Frösche (*Ranidae*) fossil erhalten: *Rana noeggerathi* und *R. meriani*. Verwandt mit der heutigen Schnappschildkröte ist die Rotter Art *Chelydra decheni*, die mit der rezenten Sumpfschildkröte *Palaeochelys* sp. festgestellt werden konnte. Eine primitive Riesenschlange vom Typ mittelamerikanischer Zwergboas verewigt in ihrer Gattungsbezeichnung den Fundort: *Rottophis atavus*.

Auch Krokodile hausten in diesen Sümpfen, darunter die Gattung *Diplocynodon*, die heutigen Kaimanen nahe steht. Knochenteile belegen für Rott auch eine Gürtelechse und die Schleicharten *Pseudopus rugosus* und *P. heymanni*.

Vögel sind nur durch Federn belegt. Zahnfunde von Säugern verraten, dass ein Beuteltier (*Amphiperaterium exilie*) nach Art des Opossums am Siebengebirge lebte. Einige Insektenfresser (*Paratalpa* sp., *Talpidae*, Wassermaulwurf *Dimylidae*) waren nach Art des heutigen, sonst maulwurfartigen Desman an das Leben im Wasser angepasst (daher: *Desmanella* sp.). Ähnliches dürfte auf die Rotter Spitzmäuse (*Soricidae*) zutreffen.

Von Raubtieren (*Carnivora*) sind außer Kieferfragmenten noch weitere Skelett-Teile erhalten, die dem Bärenhund (*Amphicyon* sp.) und Marderartigen zugeordnet werden. Auch Nager lassen sich hauptsächlich durch Zahnfunde belegen. Demnach lebten in Rott Biber (*Steneofiber* cf. *eseri*), Hörnchen (*Blackia* cf. *miocaenica*), Bilche (*Bransatoglis* cf. *gigax*, *Glirudinus glirulus*, *Peridiromys* cf. *murinus*), vier Vertreter der ausgestorbenen *Eomyidea* und drei Hamsterarten (*Euricetodon* cf. *collatus*, *Pseudocricetodon* cf. *thaleri*, *Adelomyarion vireti*). Der Pfeifhase (*Ochotonida*) schließlich gilt als „eines der schönsten Fossilien aus Rott". Das Tier ist offenbar ertrunken und sofort im Seeboden eingeschlossen worden.

Fast sensationell mag das Vorkommen von Nashörnern in den Schichten von Rott erscheinen. Darin hat man die hornlose Art *Brachydiceratherium lemanense* identifiziert. Das kaum minder spektakuläre „Kohlenschwein" (*Microbunodon breviceps*) ist ein primitiver Paarhufer, der anders als heutige Schweine stärker auf Pflanzennahrung eingestellt und so an die Lebensweise in der einstigen Sumpflandschaft besser angepasst war. Zu den Paarhufern zählt auch das Moschustier (*Moschus meyeri*), ein geweihloser Verwandter heutiger Hirsche. Einen großen Bestand alter Funde besitzt das Goldfuß-Museum, Abt. Paläontologie, der Universität Bonn. Sie ist nach dem Krieg durch Übernahme der Sammlung des Naturhistorischen Vereins (NHV) und zuletzt durch Rückkäufe aus Los Angeles aufgestockt worden. Belege besitzen in Deutschland außerdem das Paläontologische Institut der Universität Köln, das Museum der Stadt Siegburg und das Museum für Naturkunde Berlin.

5.4.2 Uckerath

Die Umgebung des Steimel bei Uckerath hat sich als eine interessante Fundstelle von Prototaxiten, algenähnlichen Pflanzen aus dem Unterdevon, erwiesen. Sie konnten eine Höhe von fast acht Metern und einen Stammdurchmesser von bis zu einem Meter erreichen, womit sie die größten landlebenden Organismen im Unterdevon gewesen sein dürften. Die Fossilien liegen am Steimel zwischen Quarzschottern des Oligozän. Sie werden am besten nach Bestellung der Felder etwa Mitte Oktober gesucht. Dem Lehrer Hans Altmeyer ist die gründliche Kenntnis dieser Fundstelle zu verdanken. Bemerkenswert ist ein Stammstück von *Prototaxites loganii* in der Sammlung von Nils Jung, weil es offensichtlich aus dem Ems-Quarzit um Montabaur stammt und hierher verdriftet ist.

Abb. 55: *Prototaxites* von Uckerath, Sammlung Altmeyer

5.4.3 Dernbach

Tertiäre Pflanzenreste aus dem Pliozän, ähnlich wie in Rott, enthalten die tonigen Sphärosiderite der ehemaligen Grube „Glück auf" – nordöstlich von Dernbach – und Grube „Cronberg" im Grubenfeld bei Horressen. Neben blütenlosen Pflanzen (*Thallophyta*) sind Laubhölzer, Aronstabgewächse u. Ä., vor allem Schilfrohr, Walnuss und einige Nadelhölzer charakteristisch für Dernbach.

5.4.4 Ruppach-Goldhausen

In der Grube „Maria" (Sibelco-Deutschland GmbH; nicht öffentlich zugänglich) wird seit langem Ton abgebaut. Sie geht auf einen pliozänen Kratersee zurück, der als solcher erstmals für den Westerwald nachgewiesen worden ist. Nach Mark Herrmann, Martin Hottenrott, Thomas Schindler, Dieter Uhl und Michael Wuttke war das Gewässer belebt von Cyanobakterien, Schilf, Diatomeen, vermutlich Seerosen, Schwämmen (durch Nadeln und Gewebereste), Insektenlarven, Köcherfliegen (Gehäuse) und Wasserwanzen. Kotsteine (Koprolithen) in der Uferzone stammen von Kleinsäugern.

In der näheren Umgebung des Sees wuchsen Laub- und Nadelbäume, die mit Holz, Blättern, Blüten und Früchten reichlich Spuren hinterließen. Sie umschwirrten Blattwanzen, Käfer, Hautflügler und andere Insekten. Pliozäne Seeablagerungen sind in Deutschland selten und bei uns nur durch die „Eisenstein-Flora" bei Dernbach vertreten.

5.4.5 Enspel

Seit über einhundert Jahren wird am Stöffel auf den Gemarkungen der Gemeinden Enspel, Nistertal und Stockum-Püschen Tholeitbasalt abgebaut. Das Material hatte im Oberoligozän einen See verfüllt, dessen Becken nun durch die Gesteinsgewinnung wieder ausgeräumt wird. So wird zugleich der Zugriff auf fossilhaltige Ölschiefer geöffnet. Zwar war diese Unterlage schon lange bekannt, aber für industrielle Nutzung ungeeignet. Erst als dort spielende Kinder Überreste von Fischen, Kaulquappen und Pflanzen entdeckten, startete die Erdgeschichtliche Denkmalpflege Rheinland Pfalz in Mainz seit 1990 Grabungen im „Ölschiefer", dem bituminösen Tonstein, nach Fossilien.

Abb. 56: „Stöffel-„ oder „Enspelmaus" (Rekonstruktion)

Die Funde von Nagern, Krötenfröschen, Krokodilen, Fischen, Kaulquappen, Salamandern, Insekten und Spinnen, Blättern, Blüten und Samen von Ahorn- und Weidenarten und anderen Pflanzen machten es möglich, das Klima sowie teilweise Flora und Fauna zu rekonstruieren.

Geradezu Weltberühmtheit erlangte der Stöffel durch den Fund eines fossilen Kleinsäugers (1992). Die Stöffel- oder Enspelmaus (*Eomys quercyi*) gehört zu einer ausgestorbenen Familie der Nager (*Eomyidea*) aus dem Tertiär. Neben Behaarung und Magen-Darminhalt ist auch die Flughaut gut erhalten und weist das Tier als Gleitflieger aus. Eine Windböe mag sie erfasst habe, so dass sie im See ertrunken ist.

Vier Jahre später wurden Skelett-Teile eines otterartigen Tieres entdeckt. Bei diesem *Potamotherium valletoni* blieben – bisher einmalig – Milch- und Dauerzähne erhalten.

5.4.6 Winkels

Recht vielfältig sind die geologischen Verhältnisse am Rande des Oberwesterwaldes. Um den Ort Winkels bei Mengerskirchen liegen gleichzeitig Vorkommen von Säulenbasalt, miozäner Braunkohle und Ton. Die Tonlager bergen mit Einlagerungen von Markasit, vielfach Nadelhölzer, unter denen besonders der Urwelt-Mammutbaum (*Metasequoia glyptostroboides*) bemerkenswert ist. Ergiebige und bequeme Fundmöglichkeit!

Abb. 57: Fossiles Holz aus Winkels

5.4.7 Langenaubach

Auch die Grube „Stoß" ist für Tonabbau angelegt worden. Außer auf Ton, einem Zersetzungsprodukt von Basalt, ist man hier auch auf zwei Flöze Braunkohle gestoßen. In den oberen Lagen konnten außer Halbopal verkieselte Hölzer aus dem Tertiär gefunden werden. Die Fundstücke erreichten vereinzelt gut 300 kg Gewicht.

5.4.8 Langenaubach-Breitscheider Riff

Bei Langenaubach erhebt sich der berühmte 30 m hohe Felsen Wildweiberhäuschen (NSG) aus oberdevonischem Riffkalk (Iberger Kalk). Nach Nordwesten öffnet sich eine große Höhle, weiter nach unten eine kleinere, deren ursprünglicher Tropfsteinschmuck leider weitgehend zerstört ist. In der kleineren Höhle wurden späteiszeitliche Tierreste (Halsband-Lemming, nordische Wühlmäuse, Eisfuchs, Ren, Alpenmoorhuhn u. a.) unter Laacher Trachyttuff gefunden.

5.4.9 Gönnersdorf

Die berühmte Ausgrabungsstätte in Gönnersdorf bei Neuwied hat durch entsprechende Funde Aufschlüsse über die Fauna des Tertiärs geliefert. Unter der Bimsdecke des Neuwieder Beckens lagen Tierreste aus der Jagdbeute des jungsteinzeitlichen Menschen (Magdalénien): Eisfuchs, Wildpferd und Ren, die Kleidung, Nahrung oder Werkstoff lieferten, ähnlich wie Schwan, Gans, Ente, Schneehuhn und Fische. Etwa 15 500 Jahre alte gravierte Schieferplatten zeigen über 270 meist naturalistische Tierdarstellungen. Außer Pferdegravuren erkennt man Mammut, Wollnashorn, Steinbock, Saiga-Antilope, Bär und Wolf, vereinzelt auch Robben, Vögel, Frösche und Schildkröten.

Abb. 58: Mammut, von eiszeitlichen Jägern in Schiefer geritzt; Fund in Gönnersdorf, Konturen modern aufgefrischt

6

Böden, Klima, Gewässer im Überblick

Hermann Josef Roth und Karl-Josef Sabel

6.1 Böden

Die heutigen Böden des Westerwaldes bestehen substanziell im Wesentlichen aus älteren und jungen geologischen Elementen. Zum einen liefert als vorherrschender Untergrund das devonische Grundgebirge verschiedene Gesteinselemente wie Schiefer, Grauwacke und Quarzite und des Weiteren Reste der tertiären unter tropenhaften Klimabedingungen entstandenen Verwitterungsdecken. Zusätzlich setzte im Tertiär auch Vulkanismus mit Basaltbildung ein.

Unter dem tropischen/subtropischen Klima im Tertiär wurden die anstehenden Gesteine intensiv chemisch zersetzt und zerfielen vornehmlich zu tonigen Bestandteilen. Seit Ende des Tertiärs kühlte das Klima ab und mit dem Quartär herrschten rapide Kaltphasen (Eiszeiten/Glaziale), die von kurzen Warmzeiten (Zwischeneiszeiten/Interglaziale) unterbrochen wurden. Mit dem Klimawandel folgte die Frostsprengung als leitende Verwitterungsart.

Infolge des steten Wechsels von Frieren und Auftauen wurde das Festgestein zu Gesteinsschutt (Schuttdecken) verwittert, der in Hanglagen großflächig langsam ins „Fließen" geriet (Bodenfließen/Solifluktion). Dabei wurden auch die Überbleibsel der tertiären Verwitterungsreste mit eingearbeitet. Parallel zur Frostverwitterung kam es vor allem in den sommerlichen Kaltphasen zu gewaltigen Sand- und Staubstürmen, die im Wesentlichen von den Kiesablagerungen der Flüsse, vornehmlich des Rheins, genährt wurden und entsprechend der in Mitteleuropa vorherrschenden Windrichtung nach Osten verwehten.

Der Flugstaub (Löss) besteht aus schluffigem mineralreichem Kiesabrieb, der sich mehlartig anfühlt. Er wurde in die Solifluktionsdecken eingeweht und ihnen beigemischt. Bevorzugt an ostorientierten Hängen, dort in Lee-Lage, und konkaven Unterhängen sammelte sich der Löss in großen Mengen an und begünstigt außergewöhnlich die landwirtschaftliche Nutzung.

Im Westerwald tritt noch ein weiteres Gestein zutage, das durch Windwirkung entstanden, in Deutschland selten und nur noch in der Eifel und benachbarten Landschaften verbreitet ist. Ende der letzten Eiszeit brach linksrheinisch ein Vulkan aus, der heutige Laacher See, und verteilte gewaltige Aschenmengen. Sie sind zum Teil in größeren Mengen in der jüngsten Solifluktionsdecke enthalten und geben dem Boden damit einen sehr individuellen Charakter.

Mit der derzeitigen Warmzeit setzte wieder eine chemische Verwitterung ein, die je nach Zusammensetzung der beschriebenen oberflächennahen Gesteine sehr unterschiedliche Böden bildete. Je höher der Lössanteil und je basenreicher der Grobboden desto günstiger ist der Säuregrad (ph-Wert) und umso mineralreicher der Boden. Verbreitet sind Parabraunerden und Braunerden. Darüber hinaus garantiert der hohe lössbedingte Schluffgehalt für eine agrarökologisch vorzügliche Bodenwasserversorgung.

In den konvexen Hanglagen, vornehmlich in Gipfellagen, herrschen Braunerden und Ranker vor, so im Hohen Westerwald. Vor allem auf den verebneten Arealen, die Überbleibsel der tertiären Verwitterungsflächen sind, sorgen die tonigen Sedimente im Untergrund für Staunässe. Die typischen Böden werden als Pseudogley beschrieben. Die Böden (Lockerbraunerden) mit sehr hohem vulkanischem Tuff des Laacher Sees sind sehr sauer und vor allem im vorderen Westerwald bis Montabaur und Westerburg verbreitet.

Auf den eher selten verbreiteten Quarziten, etwa der Montabaurer Höhe, treten ob des Chemismus des Ausgangsgesteins nur saure bis sehr saure, nährstoffarme Böden auf, die sogar bis zum Podsol (Bleicherde) tendieren. Daher sind sämtliche Versuche zur Besiedlung und landwirtschaftlichen Nutzung erfolglos geblieben. Die auf alten Landkarten verzeichneten Dörfer sind längst wüst gefallen. Der Höhenzug ist bis heute fast lückenlos bewaldet.

In den Bach- und Flusstälern treten nährstoffreiche Auenböden auf. Das Sediment wurde nach Erosionsprozessen an den Hängen und Feldern im Einzugsgebiet im Hochwasser transportiert und dann sedimentiert.

Die historische Bodennutzung spiegelt die Bodenqualität gut wider. Bis zum Beginn der Industrialisierung waren fast alle Waldflächen gerodet. Dann setzte eine Wiederbewaldung ein, die vornehmlich die nährstoffarmen und sauren, also ertragsarmen, Standorte betraf wie die Montabaurer Höhe, während die basaltischen Flächen selbst des Hohen Westerwaldes noch agrarisch genutzt wurden.

6.2 Klima

Der Klimawandel lässt im Grunde nur einen zusammenfassenden Rückblick zu auf das, was bislang die Wetteraufzeichnungen für die Landschaft als charakteristisch ergeben haben. Insgesamt kann man auch jetzt von einem feuchten Klima mit milden Wintern und mäßig warmen Sommern sprechen, das dem subozeanisch-subkontinentalen Klimabereich zuzuordnen ist.

Mit den vorherrschenden Westwinden strömen vom Atlantik feuchte Luftmassen herbei. Infolge des nach Osten zu ansteigenden Gebirges werden die herantreibenden Wolken intensiv ausgekämmt und die **Niederschlagsmenge** steigt mit der Höhenlage. Wurden im Neuwieder Becken durchschnittlich 580 bis 650 mm Niederschläge gemessen, so waren es im mittleren Westerwald etwa 800 bis 900 mm Jahresniederschläge. Im Hohen Westerwald fallen jährlich im Durchschnitt 1125 (nach älteren Angaben 1200 mm) Niederschlag, etwa die Hälfte davon während der Vegetationsperiode.

Die Höhenlage bestimmt ebenso die **Temperatur**. Konnte in Neuwied bei 67 m Seehöhe ein Jahresmittel der Lufttemperatur 9,5 °C ermittelt werden, so waren es in Hachenburg (343 m) 7,7 °C, in Neukirch/Salzburg (636 m) 5,9 °C. Die Temperatur sinkt im Idealfall je 100 m Geländehöhe um 0,55 °C.

Tab. 1: Jahresmitteltemperaturen ausgewählter Klimastationen in verschiedenen Höhenlagen.

Neuwieder Becken	67 m	9,5 °C
Hachenburg	343 m	7,7 °C
Bad Marienberg	545 m	6,7 °C
Neukirch / Salzburg	636 m	5,9 °C

In dem angenommenen Klimabezirk von rund 200 bis 650 m Seehöhe ließ sich ein durchschnittliches Monatsmittel der Lufttemperatur im Januar von -1,0 bis +2 °C, im Juli von 14,0 bis 17,0 °C feststellen; die

Tab. 2: Mittlere Windrichtung (in %) während des Jahres in Neukirch/Salzburg (aus: Häbel 1980).

	N	NO	O	SO	S	SW	W	NW	Windstillen
Frühling	6,3	22,5	5,4	7,8	8,5	24,2	11,3	± 1	1,8
Sommer	4,7	10,7	5,6	8,3	9,4	27,2	10,9	± 20	2,8
Herbst	4,3	19,3	9,0	10,5	11,0	24,2	9,2	± 10	1,7
Winter	3,3	16,1	5,8	8,7	11,4	30,0	15,4	8,2	1,1
Jahr	4,8	17,3	6,1	8,9	10,1	26,9	11,4	12,9	1,1

mittlere Jahresschwankung bewegte sich zwischen 16,0 bis 16,5 °C, die mittlere Dauer eines Tagesmittels der Lufttemperatur von mindestens 5 °C belief sich auf 195 bis 235 Tage, von 10 °C auf 125 bis 165 Tage.

Die mittlere Zahl der Tage mit Schneedecke betrug bisher für >0 cm 30 bis 80. Die Schneemenge machte 20% der Gesamtniederschläge aus. Frosttage, an denen das Temperaturminimum unter den Gefrierpunkt absinkt, wurden etwa 120 gezählt; Eistage, an denen auch das Temperaturmaximum unterhalb dieses Wertes verbleibt, dagegen nur etwa 30. Umgekehrt hat man durchschnittlich mit 20 bis 30 Sommertagen gerechnet, an denen ein Temperaturmaximum von über 25 °C erreicht wird. Die überlieferten Messwerte mögen längerfristig erkennen lassen, wie hier alles in Fluss geraten ist.

Der scharfe **Wind** des Westerwaldes ist sprichwörtlich. Zu 50% weht er aus Westen, wobei der Südwestwind mit 27% überwiegt. Der kalte Nordost hat mit 17% an der gesamten Luftbewegung einen relativ hohen Anteil. Er tritt vorwiegend (zu 25%) im April und Mai auf und bedingt mit die gefürchteten Spätfröste.

6.2.1 Hoher Westerwald

Zum Kerngebiet, das gegenüber anderen Teillandschaften recht homogen erscheint, seien einige neuere Daten beigesteuert, die vielleicht Ansätze zur Prognose liefern könnten. So wurden in den Jahren 1976 bis 1989 als tiefste Temperatur -21,4 °C (Jan. 1979) und als höchste 32,5 °C (Juli 1976) gemessen.

Mittleres Tagesminimum des kältesten Monats war -10,1 °C (Feb. 1986), mittleres Tagesmaximum des wärmsten 25,1 °C (August 1987). Die Temperatur kann also über eine Spanne von 35,2 °C schwanken, ein Betrag, in dem sich der Übergang zum kontinentalen Klima abzeichnet. Insgesamt ist das Klima dieser Höhenlage zeitweise wenigstens feuchter geworden bei einer Steigerung der Niederschläge um durchschnittlich 6,2%.

6.2.2 „Meteorologischer Rufmord“

Die Daten sprechen demnach eine andere Sprache als der Volksmund, der mitunter heute noch Unzutreffendes über das Westerwälder Klima kolportiert. Das begann vielleicht mit einem Reitergedicht aus dem 15. Jahrhundert („*Kompstu denn auf den Westerwald, da ist es sommer und winter kalt*“) und tönte im sattsam bekannten Marschlied („ ... über deinen Höhen pfeift der Wind so kalt“) munter weiter. Die alten Geschichten, dass auf dem Westerwald die Äpfel zwei Jahre zum Reifen nötig hätten oder dass dort neun Monate Winter und drei Monate kalt seien, werden noch immer gerne erzählt.

Dabei schneidet das Gebiet im Vergleich zu anderen mittelrheinischen Gebirgen noch recht gut ab: Die -1°-Isotherme des Januar betrifft in der Eifel ein noch größeres Gebiet, die mittlere wirkliche Januartempe-

delt sich um die Grünland-Gesellschaften, die ihre Existenz unterhalb der Waldgrenze allein den Faktoren Viehweide und Mahd zu verdanken haben. Mit dem Brachfallen entwickeln sich solche Flächen zu einem dem Standort entsprechenden Waldtyp.

Intensivierung der Landwirtschaft, zunehmende Entwässerung und nicht standortgemäße Aufforstung mit Fichten, gefährden einen Großteil der Grünlandgesellschaften. Selbst noch mehr oder weniger intakte Standorte sind durch einsetzende Sukzession gefährdet. Aus naturschützerischen und kulturhistorischen Gründen muss man die vorhandene Artenvielfalt und die durch typische Wirtschaftsweise geprägten Landschaftsteile (z. B. Borstgrasrasen des Hohen Westerwaldes) zu erhalten suchen. Doch ist es nötig, dieser Sukzession durch Pflegemaßnahmen oder besser durch die Beibehaltung einer extensiven Bewirtschaftung entgegenzuwirken.

Abb. 72: Lungenenzian

7.2.1 Nieder- und Zwischenmoore

7.2.1.1 Glockenheide-Moor (*Ericetum tetralicis*)

Diese Zwischenmoorgesellschaft oligotropher bis dystropher Bedingungen findet sich im atlantisch getönten Westerwald. Sie kommt nur an wenigen Stellen bei Asbach und Kircheib vor. Hier treten einige gefährdete Gefäßpflanzen schwerpunktmäßig auf, so die Glockenheide, der Beinbrech (*Narthecium ossifragum*), der Lungenenzian (*Gentiana pneumonanthe*) und der Englische Ginster (*Genista anglica*).

Daneben wurde hier 1954 das pflanzengeographisch sehr bemerkenswerte atlantische Torfmoos (*Sphagnum strictum*) nachgewiesen, welches in Europa sonst nur in Großbritannien und West-Norwegen gefunden wurde und aus der Bundesrepublik mit nur noch zwei weiteren Vorkommen in Nordrhein-Westfalen bekannt ist. Eines dieser als erloschen geltenden Vorkommen im Ebbegebirge ist inzwischen wiedergefunden worden. Auch das Vorkommen im Westerwald konnte inzwischen bestätigt werden.

7.2.1.2 Bodensaures Braunseggenried (*Caricetum nigrae*)

Im Westerwald kommen anthropogen bedingt bodensaure Kleinseggenrieder an potentiellen Bruchwaldstandorten vor, die durch Mahd vor der Wiederbewaldung geschützt wurden. Es handelt sich um Niedermoore auf staunassen, oligotrophen, stark sauren Nass- und Anmoorgleyen. Aspektbestimmend ist die Braunsegge (*Carex nigra*), daneben finden sich Grausegge (*Carex canescens*), Hundsstraußgras (*Agrostis canina*), Schmalblättriges Wollgras (*Eriophorum angustifolium*), Sumpfblutauge (*Potentilla palustris*) und Fieberklee (*Menyanthes trifoliata*) mit oft hohen Deckungsgraden.

Als floristische Besonderheit sei aus dem Untersuchungsgebiet die Blaue Himmelslei-

Abb. 73: Sumpf-Blutauge

Abb. 75: Fieberklee

Abb. 74: Moorklee

ter (*Polemonium caeruleum*) erwähnt, die neben ihren Vorkommen in Braunseggensümpfen vor allem in Ersatzgesellschaften des Filipendulion gedeiht. Die Verbreitung der Himmelsleiter im Westerwald wurde in den letzten Jahren mehrfach untersucht, auch zur Soziologie liegen genauere Erhebungen vor.

Neben der relativ artenreichen Ausbildung findet sich im Hohen Westerwald eine für Hochlagen typische Form, in welcher Fieberklee und Sumpfveilchen (*Viola palustris*) stark zurücktreten, aber das Sumpfblutauge (*Potentilla palustris*) in fast allen untersuchten Flächen vorkommt. Der Moorklee (*Trifolium spadiceum*) tritt als Besonderheit in Braunseggenriedern im Bereich des Nisterquellengebietes auf.

7.2.2 Wiesen und Weiden

Innerhalb der Mittelgebirge zeichnet sich der Westerwald durch eine kulturhistorisch bedingte Vielfalt der Grünlandgesellschaften aus, die in Eifel und Hunsrück nicht erreicht wird. Vor allem zeigt sich die Ähnlichkeit mit dem Hohem Vogelsberg und der Rhön, da viele der für diese beiden Gebirge genannten Gesellschaften auch im Hohen Westerwald nachgewiesen werden konnten. Gerade die Physiognomie des Hohen Westerwaldes ist entscheidend von Grünland geprägt.

7.2.2.1 Trespen-Halbtrockenrasen (*Mesobrometum erecti*)

Wärmeliebende orchideenreiche Trespen-Halbtrockenrasen treten im Mittelrheingebiet vor allem auf Lössanwehungen auf. Im Randbereich des Westerwaldes sind dies Flächen im Raum Linz (Schwarzer See) und Bad Hönningen (Kronenberg). Neben der bestandsbildenden aufrechten Trespe (*Bromus erectus*) kommen Blaugrüne Segge (*Carex flacca*), Helm- und Purpurknabenkraut (*Orchis militaris, O. purpurea*), Fliegenragwurz (*Ophrys insectifera*), Bocks-Riemenzunge (*Himantoglossum hircinum*), Großes Zweiblatt (*Neottia ovata*) und Fransenenzian (*Gentianella ciliata*) vor. Die Hummelragwurz (*Ophrys holoserica*) galt am Kronenberg bei Bad Hönningen seit 1968 als verschollen, konnte aber 2005 wiederentdeckt werden. Großflächige Halbtrockenrasen finden sich auch noch im Dillgebiet, so auf der Hörbacher Viehweide, die sich durch das Vorkommen von Kleinem Knabenkraut (*Anacamptis morio*) und Brandknabenkraut (*Neotinea ustulata*) auszeichnet.

7.2.2.2 Borstgrasrasen (*Polygalo-Nardetum*)

Auf frischen bis trockenen, sauren, oligotrophen Böden tritt eine durch Weidewirtschaft und extensive Streunutzung bedingte Ersatzgesellschaft auf, die im Untersuchungsgebiet vor allem im Hohen Westerwald verbreitet ist, aber auch im Unteren Westerwald auf nährstoffarmen Wiesenstandorten sowie kleinflächig an Wegrändern vorkommt. Der Aspekt wird durch Borstgras (*Nardus stricta*) und Arnika (*Arnica montana*) bestimmt, welche einen niedrigen Rasen ohne konkurrenzstarke Gräser benötigt. Die Arnika besitzt an der Fuchskaute ihre größten Vorkommen im gesamten Rheinischen Schiefergebirge. Weitere wertvolle Restbestände finden sich bei Rabenscheid, wo als floristische Besonderheiten noch der Weißzüngel (*Pseudorchis albida*) und die Hohlzunge (*Dactylorhiza viridis*) auftreten. *Pseudorchis albida* fand sich noch bis 2008 bei Niederelbert, ist aber inzwischen durch zunehmende Eutrophierung verschwunden.

Abb. 76: Katzenpfötchen

Die Borstgrasrasen sind heute in starkem Rückgang begriffen. Der frühere Ar tenreichtum lässt sich anhand der Literatur nachvollziehen. So waren die als Viehtriften genutzten Bestände des Hohen Westerwaldes Standorte von Feld-Enzian (*Gentianella campestris*) und Katzenpfötchen (*Antennaria dioica*). Die früher verbreiteten kleinflächigen, meist an Wegrändern gelegenen Vorkommen auf der Montabaurer Höhe mit *Pedicularis sylvatica* und an einer Stelle *Carex binervis* sind als Folge der Forstwirtschaft verschwunden.

7.2.3 Wachholderheiden und Zwergstrauchheiden

Charakteristisch für das Landschaftsbild des Hohen Westerwaldes und seiner Nachbargebiete ist das Vorkommen von Wachholderheiden, die sich aufgrund der hier früheren Weidewirtschaft entwickeln konnten. Leider sind sie heute durch Aufforstungen mit Fichten erheblich bedroht. Als Pflanzengesellschaft gehören sie meist zu den Borstgrasrasen, oft handelt es sich aber auch um lange brachliegende und stark verheidete Ausbildungen, die mosaikartig innerhalb derselben liegen und dann den Zwergstrauchheiden zuzuordnen sind. Im Hohen Westerwald findet sich die Preiselbeer-Heidekraut-Bergheide (*Vaccinio-Callunetum*) mit Preiselbeere (*Vaccinium vitis-idea*), Besenheide (*Calluna vulgaris*), Keulenbärlapp (*Lycopodium clavatum*), Borstgras, Harz-Labkraut (*Galium hercynicum*), Arnika Blutwurz (*Potentilla erecta*), Gewöhnliches Kreuzblümchen (*Polygala vulgaris*), Ginster, Heidelbeere, Wacholder, Weiches Honiggras (*Holcus mollis*), Drahtschmiele, Salbei-Gamander, Kleiner Sauerampfer (*Rumex acetosella*), Färber-Ginster (*Genista tinctoria*), Rotstängelmoos (*Pleurozium schreberi*) und Kopfige Hainsimse (*Luzula congesta*). Typische Wacholderheiden finden sich heute im Westerwald noch bei Rabenscheid, auf der Fuchskaute, bei Westernohe und im Raum Burbach-Höhe.

Abb. 77: Gewöhnliches Kreuzblümchen

7.2.3.1 Gesellschaft der Sparrigen Binse (*Juncetum squarrosi*)

Auf sauren, nährstoffarmen aber an Humusstoffen reichen, staunassen Böden tritt das seltene *Juncetum squarrosi* auf, welches meist in Kontakt mit Borstgrasrasen steht. Neben Vorkommen im Hohen Westerwald wuchs es auch an feuchten Wegrändern der Montabaurer Höhe mit Sparriger Binse (*Juncus squarrosus*) und Waldläusekraut (*Pedicularis sylvatica*) als Charakterarten. Dort ist es in den letzten 10 Jahren als Folge der Forstwirtschaft verschwunden.

7.2.3.2 Binsenreiche Pfeifengraswiesen (*Junco-Molinietum caeruleae*) und reine Pfeifengraswiesen (*Molinietum caeruleae*)

Auf sauren Böden treten Sauerboden-Pfeifengraswiesen auf, die Anklänge an Borstgrasrasen zeigen. Ihre feuchten bis nassen Standorte werden extensiv als Streuwiesen, also mit jährlich einer Mahd, bewirtschaftet. Allerdings werden in der Literatur unter der Bezeichnung *Junco-Molinietum* eine Reihe uneinheitlicher Gesellschaften erfasst, die begrifflich beim *Juncion acutiflori* Anschluss finden, da es sich oft um ausgetrocknete Stadien der Waldbinsenwiese handelt. Diese haben mit Pfeifengraswiesen basenreicher Standorte nur wenig gemein. Solche *Juncus-Molinia*-Gesellschaften treten auch im Westerwald auf und weisen neben der Trollblume (*Trollius europaeus*) und der Natternzunge (*Ophioglossum vulgatum*) kaum weitere typische Molinion-Arten auf.

Aus dem Buchheller-Quellgebiet wird eine Ausbildung mit Nördlichem Labkraut

Abb. 78: Trollblume oder Blutwurz, das *Tormentill* der Pflanzenheilkunde

(*Galium boreale*) und Färberscharte (*Serratula tinctoria*) gemeldet, die Pfeifengraswiesen zuzuordnen ist. Ähnliche Bestände konnten im Naturschutzgebiet Bermeshub bei Heisterberg aufgenommen werden. Pfeifengraswiesen besiedeln basenreiche Niedermoorböden in mehr oder weniger hoher (submontaner bis montaner) Lage.

7.2.3.3 Glatthafer- und Goldhaferwirtschaftswiesen (*Arrhenatheretalia*)

Glatthaferwiesen (Dauco-Arrhenatheretum elatioris) gehören im Westerwald zu den häufigsten Grünlandgesellschaften, die bei intensiver Nutzung durch ihre Artenarmut auffallen. In der Brache und bei extensiver Bewirtschaftung nimmt jedoch die Vielfalt zu. Es sei hier nur an Orchideen wie das Gefleckte Knabenkraut (*Dactylorhiza maculata*) und die Grünliche Waldhyazinthe (*Platanthera chlorantha*) oder die beiden Klappertopfarten (*Rhinanthus alectorolophus*, *R. minor*) erinnert.

Glatthaferwiesen finden sich meist auf frischen bis feuchten, selten trockenen, nährstoffreichen Böden. Mit zunehmender Meereshöhe treten sie zurück, um im Hohen Westerwald fast vollständig zu verschwinden und Goldhaferwiesen Platz zu machen.

Der Goldhafer (*Trisetum flavescens*) kann nur bedingt als Unterscheidungsart der Goldhaferwiesen (Geranio-Trisetetum flavescentis) gelten, da er auch in Tieflagenausbildungen der Glatthaferwiesen vorkommt, so am Mittelrhein und im Unteren Westerwald. Bezeichnend ist jedoch das Fehlen des Glatthafers sowie das Auftreten von Waldrispengras (*Poa chaixii*), Trollblume und Waldstorchschnabel (*Geranium sylvaticum*), die in dieser Vergesellschaftung auch in der Hohen Rhön zu finden sind. Die Goldhaferwiesen sind heute im Rückgang begriffen, da ihre Kennarten bei intensiver Bewirtschaftung verschwinden.

7.2.3.4 Weidelgras-Weißklee- und Rotschwingel-Weiden (*Lolio-Cynosuretum cristati, Festuco-Cynosuretum cristati*)

Während die Glatthafer- und Goldhaferwiesen gemäht werden, entwickeln sich an vergleichbaren Standorten bei extensiver Viehwirtschaft Gesellschaften mit Rotschwingel (*Festuca rubra*), Kammgras (*Cynosurus cristatus*) und Weißklee (*Trifolium repens*). In tieferen Lagen des Westerwaldes findet sich die Weidelgras-Weißkleeweide, die durch ein Vorherrschen von Deutschem Weidelgras (*Lolium repens*) gekennzeichnet ist.

Im Hohen Westerwald tritt als Weidegesellschaft der Hochlagen die Rotschwingelweide auf, die sich durch Vorherrschen von Rotschwingel (*Festuca rubra*) und Zartem Straußgras (*Agrostis tenuis*) neben Magerkeitszeigern wie Bibernelle (*Pimpinella saxifraga*), Blutwurz, Thymian (*Thymus pulegioides*), Kleinem Habichtskraut (*Hieracium pilosella*) und Acker-Witwenblume (*Knautia arvensis*) auszeichnet. Zu den Kennarten gehören die Frauenmantelsippen, darunter vor allem der Gewöhnliche Frauenmantel (*A. xanthochlora*), daneben Zittergras (*Briza media*) und Borstgras.

7.2.3.5 Mädesüß-Gesellschaften (*Filipendulion ulmariae*)

Bachufer und Wiesengräben werden wegen des Nährstoffreichtums vom Mädesüß (*Filipendula ulmaria*) besiedelt. Die Pflanze kann sich so sehr ausbreiten, dass sich stellenweise artenarme Reinbestände entwickeln, für die dann der Name *Filipenduletum ulmariae* vorgeschlagen wird. Meist aber stehen die Stauden in Begleitung von Kennarten der typischen *Filipendulion*-Gesellschaften.

7.2.3.6 Baldrian-Himmelsleiter-Wiese (*Valeriano-Polemonietum caerulei*)

Die Baldrian-Himmelsleiter-Wiese, eine vom Oberpfälzer Jura beschriebene Gesellschaft, ist als Kategorie nicht unumstritten.

Abb. 79: Himmelsleiter oder Sparrkraut

Da aber die Himmelsleiter (*Polemonium caeruleum*) im Jura wie im Westerwald als territoriale Kennart zu betrachten ist, kann man sie zumindest als Gebietsassoziation gelten lassen. Himmelsleiter-Wiesen gedeihen vor allem im Nistertal, aus dem die Art schon lange bekannt ist. Da diese Vorkommen wohl an Ort und Stelle entstanden sind, kann man die Benennung auch hier anwenden, zumal auch der Blaue Eisenhut auftritt.

7.2.3.7 Sumpfstorchschnabel-Mädesüß-Gesellschaft (*Filipendulo-Geranietum palustris*)

Die meist bachbegleitende Sumpfstorchschnabel-Mädesüß-Gesellschaft fällt durch die hohe Stetigkeit und den Deckungsgrad des Sumpfstorchschnabels (*Geranium palustre*) auf, der in der nachfolgend beschriebenen Gesellschaft fehlt.

Die Federgräser (*Stipa joannis, St. capillata*) finden sich heute noch in Resten unterhalb der Ruine Hammerstein. Der Felsenbeifuß (*Artemisia campestris* ssp. *lednicensis*) besiedelt ähnliche Felstrockenrasen am Mittelrhein und im unteren Lahntal. Der Purpurrote Steinsame (*Lithospermum purpureo-caeruleum*) ist hier jetzt nur aus den Siebengebirgshängen bei Oberkassel bekannt. Das pontische Lebermoos *Mannia fragrans* wächst in Felstrockenrasen an der Erpeler Ley und am Gabelstein. Die Art erreicht hier ihre Nordwestgrenze.

7.3.6 Boreal-Montanes Florenelement

Pflanzen dieses Florenbereichs sind in der Regel eng an die Höhenlagen (sog. montane bis hochmontane Stufe) gebunden, steigen aber in unserem Gebiet bei geeigneten Standorten auch in Tallagen hinab. Hierher gehören einige sehr charakteristische Waldpflanzen wie die Zwiebel-Zahnwurz, die ihre Hauptverbreitung im Hohen Westerwald besitzt, aber auch bis in die Montabaurer Senke und das Lahntal hinab vorkommt. Arten der Perlgras-Buchenwälder sind die Zahnwurz sowie die Quirlblättrige Weißwurz, welche stärker auf die Höhenlagen beschränkt ist und an der Westerwälder Seenplatte bis auf 400 m NN absteigt.

Einen ökologischen Schwerpunkt in bachbegleitenden Erlenwäldern und Schluchtwäldern zeigen Glanz-Kerbel, Platanenhahnenfuß (*Ranunculus platanifolius*), Weiße Pestwurz (*Petasites albus*), Breitblättrige Glockenblume, Blauer und Gelber Eisenhut. Eisenhut und Glockenblume besiedeln vornehmlich die Erlen- und Schluchtwälder des Nister- und Holzbachtals, wobei der Blaue Eisenhut stark in Mädesüßreiche Ersatzgesellschaften ausweicht. Der Glanz-Kerbel tritt nur am Stegskopf auf, wo er einen westlichen Vorposten besitzt; die Pestwurz nur im Raum Burbach-Lippe sowie im Aubachtal. Der Platanenhahnenfuß meidet im Ge-

Abb. 82: Diptam

Abb. 83: Moosbeere

Abb. 84: Rundblättriger Sonnentau

gensatz zur Hohen Rhön die Hochlagen des Westerwaldes und kommt nur im Lahntal und seinen Seitentälern an kühl-luftfeuchten Standorten vor. Der Scheiden-Goldstern erreicht im Westerwald die Südgrenze seines Areals.

Gerade durch die Vorkommen von Glanz-Kerbel, Platanenhahnenfuß, Pestwurz, Breitblättriger Glockenblume, Blauem und Gelbem Eisenhut ergeben sich pflanzengeographische Parallelen zwischen Westerwald und Hoher Rhön. Diese werden durch das gemeinsame Auftreten von Trollblume und Waldstorchschnabel verstärkt, die in beiden Gebieten ihren Schwerpunkt in Goldhaferwiesen haben. Dort tritt auch die Bachnelkenwurz auf.

Als weitere Pflanze nördlicher Waldgesellschaften in Höhenlagen sei der Siebenstern genannt, der in Erlenbruchwäldern bei Komp und Fichtenschonungen auf der Montabaurer Höhe vorkommt (dort durch die Forstwirtschaft inzwischen zerstört), und der Tannenbärlapp mit Schwerpunkt in Erlenbrüchen, etwa an der der Westerwälder Seenplatte. Bevorzugt in Hainsimsen-Buchenwäldern auf der Montabaurer und Bad Marienberger Höhe sowie der „Höh" bei Burbach gedeiht der Rippenfarn (*Blechnum spicant*). Diese Entfernungen können gerade noch auf natürliche Weise überwunden werden, wie das für die Verbreitung von Arten in Höhenlagen charakteristisch ist. Primäre Arten der Hoch- und Übergangsmoore mit Verbreitungsschwerpunkt in nördlichen Höhenlagen wie am Stegskopf sind der Sonnentau (*Drosera rotundifolia*) und die Moosbeere (*Vaccinium oxycoccus*): Sie besiedeln aber zunehmend auch sekundäre Standorte.

Auch die Borstgrasrasen und Wacholderheiden weisen einige Vertreter auf. Hierzu gehören Preiselbeere, Keulenbärlapp und Wacholder (*Juniperus communis*), die vor allem im Hohen Westerwald vorkommen. Der Keulenbärlapp besiedelte neben primären Vorkommen in Hainsimsen-Buchenwäldern verstärkt Ton- und Quarzitgruben. Die noch vor 10 Jahren existierenden Fundorte auf der Montabaurer Höhe sind heute komplett durch die Forstwirtschaft verschwunden.

7.3.7 Präalpines und Dealpines Florenelement

Die Mehlbeere (*Sorbus aria*) wird als präalpines Element mit vorwiegend südlicher Verbreitung angesehen. Die Art hat bei uns ihren Verbreitungsschwerpunkt innerhalb des Lahntales und verhält sich damit räumlich wie ein submediterranes oder pontisches Element.

Ein weiteres präalpines Element stellt der Alpen-Ziest (*Stachys alpina*) dar. Er besitzt im Westerwald einige kleinere Vorkommen

Abb. 85: Lebensraum Totholz

im Raum Burbach-Lippe, im Aubachtal und bei Bad Marienberg. Als dealpin bezeichnet werden kann das Blaugras (*Sesleria varia*), das nur ein Vorkommen im Westerwald aufweist, wo es bewaldete Schieferfelsen der Bäderlei bei Bad Ems besiedelt. Die nächsten Fundorte der Pflanze liegen im Mittelrheingebiet. Das gleiche gilt für das gleichfalls dealpine Brillenschötchen (*Biscutella laevigata*), das im Westerwald nur am Gabelstein auftritt.

7.3.8 Subarktisches Florenelement

Hierzu gehört die Weißzüngel-Orchidee (*Pseudorchis albida*), die früher zahlreiche Borstgrasrasen des Hohen Westerwaldes besiedelte, heute aber nur noch bei Rabenscheid nachgewiesen werden konnte. Ein kleines Vorkommen der Art lag bei Niederelbert, ist aber heute vermutlich verschwunden.

8

Wirbeltierfauna des Westerwaldes

Philipp Schiefenhövel

Die tiergeographischen Einheiten der Westerwälder Wirbeltierfauna sind durch die vorhandene Pflanzenwelt und diese wiederum durch die Böden und das Klima beeinflusst. Die stark gegliederte Hochfläche ist durch basaltdominierte Böden des Schiefergebirges mit oft tonhaltigen Schichten und die von Westen nach Nordosten ansteigenden Höhenlagen geprägt. Durch das kühl gemäßigte Klima mit Jahresniederschlägen von 700–1100 mm und relativ geringen Jahresmitteltemperaturen von 6–8,5 °C konnten zahlreiche Mittelgebirgsbäche, feuchte Wiesen und nasse Senken mit Tümpeln, Weihern und die landschaftsprägende Westerwälder Seenplatte entstehen. Diese Landschaftselemente bieten wasserliebenden Tierarten angemessenen Lebensraum. Ebenso beeinflussen Bodenstruktur und Klima die Landnutzung als Weide- und Wiesenwirtschaft oder als Streuobstwiesen. Intensiver Ackerbau bleibt eher auf die wärmebegünstigten Senken um Dierdorf oder Montabaur, das Asbacher Land und die Ränder des Neuwieder und Limburger Beckens beschränkt.

Auf den windbeeinflussten Höhen entstanden artenreiche Laubmischwälder, die mit zunehmender Höhe in reine Nadelwälder übergehen. Tiere der Wälder sowie der Feld- und Heckenfluren, wie zahlreiche Fledermausarten, Wildkatze, Baummarder und Siebenschläfer, finden hier im Westerwald reichlichen Lebensraum, während Tierarten der landwirtschaftlich genutzten Offenlandflächen seltener vertreten sind.

Einen Sonderfall bilden die wärmebegünstigten Täler von Rhein, Sieg, Lahn und Dill sowie die Wärmeinseln der Tongruben und Steinbrüche. Die besonnten und oft felsigen Lebensräume der Täler bewohnen Zaun-, Mauereidechse und Schlingnatter.

Abb. 86: Baummarder

Abb. 87: Wildkatze

Der Laubfrosch, der Kammmolch, Gelbbauchunke sowie Kreuz- und Geburtshelferkröte sind Charakterarten der warmen Tongruben und Gewässer der Abbaugebiete.

Wegen ihrer versteckten Lebensweise sind die nachtaktiven Säugetiere mit Ausnahme der Fledermäuse noch unvollkommen erforscht. Bestandserhebungen zu Tierarten wie Wildschwein, Dachs, Gelbhals- oder Rötelmaus, Feuersalamander oder Kreuzkröte sind meist auf jagdliche oder wissenschaftliche Untersuchungen begründet. Ebenso blieb die Kenntnis der Fische meist auf fischereiwirtschaftliche Daten beschränkt, bis die europäische Wasserrahmenrichtlinie und der Artenschutz detailliertere Studien anregten.

Abb. 88: Feuersalamander

8.1 Artenbilanz

Für den Westerwald sind mindestens 455 Wirbeltierarten belegt. Davon sind 317 Arten (70%) der Gruppe der Vögel zuzuordnen, von denen neun Arten vor 1950 vorkamen. Die Vögel werden eigens behandelt. Bei den restlichen 138 Arten handelt es sich um 57 Säugetierarten, 35 Rundmäuler- und Fischarten, 15 Amphibien- und sieben Reptilienarten (Abb. 89). Siebzehn dieser Wirbeltierarten sind erst seit Beginn des 16. Jahrhunderts im Westerwald vertreten. Sie haben den Naturraum eigenständig von außen her besiedelt, sind passiv verschleppt oder durch den Menschen bewusst eingebürgert worden. Ihnen stehen sieben Arten gegenüber, die hier mittlerweile ausgestorben sind.

8.1.1 Zuwanderer (*Neobiota*)

Die meisten dieser Einwanderer sind Fische oder Säugetiere. Amphibien sind gar nicht in dieser Gruppe und bei den Reptilien nur die beiden Schmuckschildkröten vertreten (Tab. 3). Diese gelang(t)en wie der Goldfisch als Heim- oder Gartenteichtiere in die Natur, wo sie sich an geeigneten Stellen vermehren konnten. Zander, Bachsaibling und Regenbogenforelle wurden bewusst in Angelteichen ausgesetzt. Von dort gelangten sie genauso wie die wirtschaftlich unwichtigen Arten Sonnenbarsch und Blaubandbärbling in anliegende Fließgewässer. Natürliche Fortpflanzung in freier Natur ist für die meisten der genannten Arten jedoch nicht bekannt.

Von den nicht einheimischen Säugetieren ist das Mufflon bewusst durch den Menschen eingebürgert. Die heutigen Muffelwildvorkommen gingen auf elf ausgewilderte Tiere auf der Montabaurer Höhe und sechs Tiere in den fürstlich wiedischen Wäldern zurück. In dem für sie ungeeigneten Lebensraum ohne felsigen Untergrund erkrankten die Tiere zunehmend, so dass der Bestand auf der Montabaurer Höhe durch die Jagd gänzlich zurückgenommen wurde. Damit ist das Muffelvorkommen im Raum Roßbach das letzte im Westerwald. Das Damwild wird heute vielerorts in Wildgehegen gehalten, aus denen es 1907 in Honneroth bei Altenkirchen erstmals in die freie Wildbahn entwich. Waschbär und Marderhund wanderten von Osten her ein und sind mittlerweile vermutlich im ganzen Gebiet anzutreffen.

Abb. 89: Übersicht der prozentualen Verteilung der Wirbeltiergruppen im Westerwald

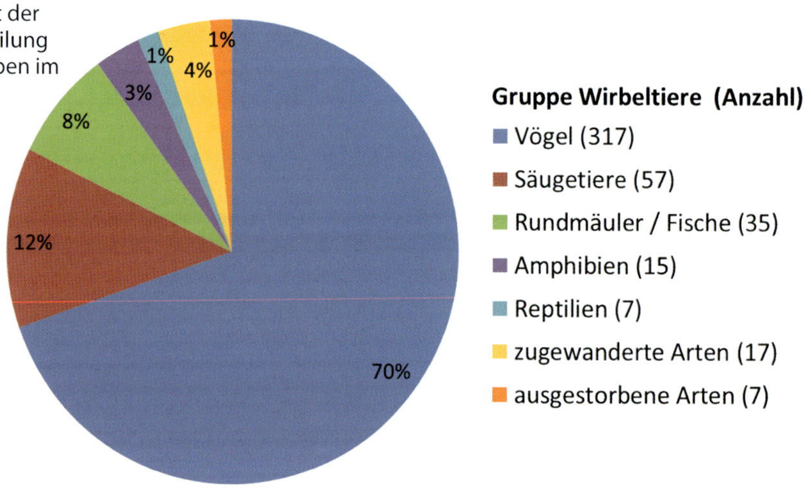

Tab. 3: Übersicht der nicht einheimischen Wirbeltierarten (*Neobiota*) des Westerwaldes, die nach der Entdeckung Amerikas durch Kolumbus (1492) in den Westerwald gelangten.

	Deutscher Name	Wissenschaftlicher Name	Neozoon (Jahr)
	Fische		
1	Bachsaibling	*Salvelinus fontinalis*	ca. 1880
2	Blaubandbärbling, Asiatischer Gründling	*Pseudorasbora parva*	1988 im Rhein
3	Giebel	*Carassius auratus gibelio*	?
4	Goldfisch	*Carassius auratus auratus*	1750–1800
5	Graskarpfen	*Ctenopharyngodon idella*	?
6	Regenbogenforelle	*Oncorhynchus mykiss*	1882
7	Sonnenbarsch	*Lepomis gibbosus*	1877
8	Zander	*Stizostedion lucioperca*	1880 im Rhein
	Reptilien		
9	Hieroglyphen-Schmuckschildkröte	*Pseudemys concinna concinna*	?
10	Rotwangen-Schmuckschildkröte	*Trachemys scripta elegans*	?
	Säugetiere		
11	Bisam	*Ondatra zibethicus*	1946 im WW
12	Damhirsch	*Dama dama*	1907 im WW
13	Kanadischer Biber	*Castor canadensis*	ca. 1920
14	Marderhund	*Nyctereutes procyonoides*	Beobachtungen seit ca. 1990, Trittsiegel 2009
15	Mufflon	*Ovis orientalis musimon*	1958 im WW
16	Nutria	*Myocastor coypus*	ca. 1940
17	Waschbär	*Procyon lotor*	1958 im WW

Eine ähnliche Zuwanderung ausgehend vom Neuwieder Becken und dem wärmebegünstigten Rheintal kann man bei der Nutria beobachten. Nachdem ein individuenreiches Vorkommen dieser Art lange Zeit mit Ausnahmen von Einzelbeobachtungen am Wiesensee (1999) und am Dreifelder Weiher, auf das Egerser Feld im Neuwieder Becken und entlang des Rheintals beschränkt war, hat die Art in jüngster Zeit ihr sesshaftes Vorkommen auch auf höhere Lagen des Westerwaldes ausgebreitet. So kommt sie mittlerweile im Quarzitgrubengebiet sowie am Waagweiher bei Herschbach b. S. und den verschiedenen Seen der Westerwälder Seenplatte vor. Am Dreifelder Weiher beschreibt Kunz im Jahr 2020 den ersten Reproduktionsnachweis dieser Art für das Kerngebiet des Westerwaldes.

Abb. 90: Nutria

8.1.2 Ausgestorbene Wirbeltierarten seit 1800

Die beiden ausgestorbenen Fischarten Stör und Maifisch wuchsen im Meer heran und stiegen nur zum Ablaichen in die Oberläufe der Mittelgebirgsbäche auf. Beide waren begehrte Speise- oder Nutzfische (Störeier). Natürliche Vorkommen des Maifisches sind bis 1875 und für den Stör bis 1952 im Rhein und den Unterläufen der Nebenflüsse belegt. Durch die Errichtung von Wehren an den Nebenflüssen wurde der Aufstieg in geeignete Bruthabitate verhindert. Zusammen mit der Überfischung und der Wasserverschmutzung starben diese beiden Arten aus und sind heute nur noch durch Besatzmaßnahmen im Rhein (Maifisch) oder in wenigen Gewässern (Stör) des Westerwaldes präsent.

Brandmaus, Hausratte, Feldspitzmaus, Große und Kleine Hufeisennase starben durch die Verschlechterung ihrer Lebensbedingungen und unter dem Konkurrenzdruck vitalerer Arten aus. Sowohl die beiden

Tab. 4: Ausgestorbene Wirbeltierarten (ausgenommen Vögel).

	Deutscher Name	Wissenschaftlicher Name	Jahr
	Fische		
1	Maifisch	*Alosa alosa*	1875 Sieg
2	Stör	*Acipenser sturio*	1952 Rhein
	Säugetiere		
3	Kleine Hufeisennase	*Rhinolophus hipposideros*	bis 1975
4	Brandmaus	*Apodemus agrarius*	Ende 19. Jh.
5	Feldspitzmaus	*Crocidura leucodon*	1954 Wiedtal
6	Hausratte	*Rattus rattus*	?
7	Fischotter	*Lutra lutra*	1968 Wiedtal

Hufeisennasen als auch die extrem seltene Mopsfledermaus gehörten einst zu den häufigsten Fledermausarten des Westerwaldes. Fischotter, Biber und Wolf hat der Mensch durch intensive Bejagung ausgerottet. Der Fischotter war im 18. Jahrhundert in allen größeren Bächen wie Wied, Nister, Sayn- und Holzbach verbreitet. Als „Fischräuber" war er und genauso der Biber verhasst. Ihre dichten Felle trieb Pelzjäger zur Jagd bis zur Ausrottung. Der letzte Nachweis des Fischotters stammt aus dem Fockenbachtal (1968). Später soll er noch einmal im „westlichen Westerwaldkreis" gesichtet worden sein (1978). Der Fischotter ist in jüngster Zeit im östlichen Hessen nachgewiesen. Von hier ist eine Wiederbesiedlung des Westerwaldes z. B. entlang des hessischen Wassereinzuggebietes von Dill und Lahn vorstellbar.

Mehrere Wölfe, ein einzelner Biber sowie ein einzelnes Individuum der Großen Hufeisennase konnten nach etlichen Jahrzehnten wieder entdeckt werden und gelten somit nicht mehr als ausgestorben. Während beim Wolf von einer dauerhaften Wiederbesiedlung ausgegangen werden kann, bleibt bei der Rückkehr von Biber und der Großen Hufeisennase abzuwarten, ob diese beiden Arten im Westerwald wieder dauerhaft eine Heimat finden können.

8.1.3 Fische und Rundmäuler

Nach heutiger Kenntnis leben im Westerwald insgesamt 35 Fisch- und Rundmaularten (Tab. 5). Ein Viertel davon – Meerneunauge, Rapfen (Schied), Quappe, Blicke (Güster), Wels, Kaulbarsch, Flunder – sind fast ausschließlich auf die Grenzflüsse Rhein, Sieg, Dill und Lahn beschränkt. Die Quappe kommt durch Besatzmaßnahmen bislang nur in der Dill und zusammen mit der Äsche in der hessischen Lahn vor. Blicke, Wels, Kaulbarsch und Flunder sind als Grundfische auf langsame Strömung und große Wassertiefe angewiesen. Auch die seltenen Nachweise der Meerforelle und des Alands liegen im Rhein und den Mündungsbereichen der größeren Rheinnebenflüsse. Ihre Bestände sind durch zunehmende Wasserverschmutzung und den Ausbau der Flüsse stark zurückgegangen.

Sechs der genannten Arten galten im Jahr 1990 in der Roten Liste der Wirbeltiere von Rheinland-Pfalz als „vom Aussterben bedroht", weitere acht als „stark gefährdet". Dieser Zustand und die Folgen des Sandoz-Unglücks (1986) führten zum Umdenken. Man baute Fischtreppen an den Wehrstufen zur Wiederherstellung einer gewissen Durchgängigkeit. Durch die Zusammenlegung örtlicher Kläranlagen und durch die

Abb. 91: Flussbarsch

Tab. 5: Übersicht der Fisch- und Rundmaularten des Westerwaldes.

	Deutscher Name	Wissenschaftlicher Name
1	Bachneunauge	*Lampetra planeri*
2	Flussneunauge	*Lampetra fluviatilis*
3	Meerneunauge	*Lampetra marinus*
4	Flussaal	*Anguilla anguilla*
5	Bachschmerle	*Barbatula barbatula*
6	Groppe, Mühlkoppe	*Cottus gobio*
7	Aland	*Leuciscus idus*
8	Bitterling	*Rhodeus sericeus amarus*
9	Blicke, Güster	*Blicca bjoerkna*
10	Brachse	*Abramis brama*
11	Döbel	*Leuciscus cephalus*
12	Elritze	*Phoxinus phoxinus*
13	Flussbarbe	*Barbus barbus*
14	Gründling	*Gobio gobio*
15	Hasel	*Leuciscus leuciscus*
16	Karausche	*Carassius carassius*
17	Moderlieschen	*Leucaspius delineatus*
18	Nase	*Chondrostoma nasus*
19	Rotauge, Plötze	*Rutilus rutilus*
20	Rapfen	*Aspius aspius*
21	Rotfeder	*Scardinius erythrophthalmus*
22	Schleie	*Tinca tinca*
23	Schneider	*Alburnoides bipunctatus*
24	Ukelei	*Alburnus alburnus*
25	Hecht	*Esox lucius*
26	Quappe	*Lota lota*
27	Dreistacheliger Stichling	*Gasterosteus aculeatus*
28	Flussbarsch	*Perca fluviatilis*
29	Kaulbarsch	*Gymnocephalus cernua*
30	Flunder	*Platichthys flesus*
31	Bachforelle	*Salmo trutta fario*
32	Lachs	*Salmo salar*
33	Meerforelle	*Salmo trutta trutta*
34	Äsche	*Thymallus thymallus*
35	Wels	*Silurus glanis*

Viele der heimischen Fledermausarten, wie Bechstein-, Fransen- sowie Wasserfledermaus oder Großer- und Kleiner Abendsegler nutzen den Wald und die Waldränder zur nächtlichen Jagd und zur Aufzucht ihrer Jungen. Die größeren zusammenhängenden Wälder sind vom Baummarder besiedelt. Sein deutlich häufigerer Verwandter, der Steinmarder, nutzt genauso wie Waldspitz-, Gelbhals- und Rötelmaus auch die kleineren Wälder, die Feldflur und die Nähe zu Siedlungen. Eine Besonderheit der waldbewohnenden Säugetiere ist das einmalige Sommervorkommen im Stelzenbachtal und wiederholte Wintervorkommen der Mopsfledermaus sowie der einmalige Nachweis im Winter 1995/96 einer Teichfledermaus im Gelbachtal. Außerdem konnten im Stelzenbachtal bei Welschneudorf die Wimperfledermaus und Nymphenfledermaus mit Hilfe eines Sonogrammes belegt werden. Ein direkter Nachweis eines gefangenen Tieres dieser beiden Arten konnte bisher nicht erbracht werden. Eine Sensation gelang im Winter 2017/2018 durch die Wiederentdeckung eines Individuums der Großen Hufeisennase in einem Winterquartier im südlichen Westerwald, die hier seit 1938 als ausgestorben galt.

Abb. 98: Feldhase

8.1.6.2 Landwirtschaftlich genutzte Flächen

Die landwirtschaftlichen Flächen wurden auf Grund des rauen Westerwälder Klimas in der Vergangenheit meist extensiv als Mäh- und Viehweiden oder für die Selbstversorgung mit verschiedensten Feldfrüchten bestellt. Durch die Vielzahl an bäuerlichen Kleinbetrieben fand eine starke Parzellierung der Landschaft mit ausreichend Platz für Feld- und Gehölzstrukturen und zahlreichen Streuobstwiesen statt. In jüngster Zeit reichten die extensiven Bewirtschaftungsformen zum Überleben der Kleinbetriebe nicht mehr aus. Nach der Aufgabe der Betriebe fand vielerorts ein Nutzungswandel der Mäh- und Viehweiden und klein parzellierten Ackerflächen statt. Im Hohen Westerwald wurden viele Weiden durch Nadel- und Nutzwälder aufgeforstet oder fielen der natürlichen Sukzession zum Opfer. Im Unteren und Vorderen Westerwald wurden die landwirtschaftlichen Flächen meist in intensiv genutztes Grün- und Ackerland umgewandelt.

Durch die Intensivierung und die Nutzungsänderung der Landwirtschaft ging vielen Wirbeltierarten, wie der Schabrackenspitz-, der Kleinwühl-, der Zwergmaus und der Haselmaus der Lebensraum verloren. Im Fall der Feldspitzmaus und der Brandmaus führten die Veränderungen zum gänzlichen Verschwinden der beiden Arten. Trotzdem sind noch viele ehemalige Strukturen der kleinbäuerlichen Landwirtschaft erhalten geblieben, die auch heute noch einer Vielzahl von Säugetieren wie Maulwurf, Mauswiesel, Fuchs, Dachs und Reh Lebensraum bieten.

Die Restbestände der Streuobstwiesen und die Feldflur mit den Randsaumbereichen zum Ackerland bieten Wildkaninchen, dem Feldhasen oder in sehr seltenen Fällen dem Gartenschläfer eine Lebensgrundlage. Deutlich häufiger als der Gartenschläfer kommt der Siebenschläfer vor, und auch die Haselmaus ist an gehölzreichen Waldrändern und der strukturreichen Feldflur noch vertreten.

8.1.6.3 Siedlungen

In vielen Ortschaften ging durch das Verschwinden der bäuerlichen Kleinbetriebe und kleiner Handwerksbetriebe die dörfliche Baustruktur verloren. Durch die Ausweisung von Neubaugebieten in den Randlagen wurden die Westerwälder Ortschaften immer stärker zu reinen Wohn- und Schlafdörfern mit ausgeprägten Ziergarten- und Rasenflächen. Durch das zunehmende Verschwinden der naturnahen Bauerngärten sind selbst häufige Arten, wie die westliche Hausmaus, die Hausspitzmaus oder der Igel seltener geworden. Die zunehmende Flächeninanspruchnahme durch Gewerbegebiete und Industrieflächen und vor allem der Ausbau des Straßennetzes und zahlreicher Ortsumgehungsstraßen machen besonders den mobilen Säugetierarten wie Rothirsch, Reh, Dachs und Wildkatze zu schaffen.

Abb. 99: Mausohr

Manche Säugetierarten, wie Wanderratte, Fuchs und Steinmarder haben sich an die Veränderungen gut angepasst. Andere Arten, vor allem die in den Siedlungen vorkommenden Fledermausarten Braunes und Graues Langohr, das Große Mausohr oder die häufige Zwergfledermaus finden durch die Modernisierung der Bauweise in den Siedlungen immer seltener geeignete Unterschlupfmöglichkeiten für die Aufzucht ihrer Jungen. Für die Kleine und Große Hufeisennase, die zugluftfreie Dachböden, Kirchtürme und Scheunen mit großen offenen Einfluglöchern besiedelten, waren die Veränderungen der Gebäudestrukturen zu gravierend, so dass sie ausstarben.

8.1.6.4 Fließ- und Stillgewässer

Die Fließ- und Stillgewässer, die für das Vorkommen der anderen Wirbeltiergruppen von entscheidender Bedeutung sind, spielen für das Artenspektrum der Säugetiere keine besonders große Rolle. Viele Säugetierarten der angrenzenden Lebensräume nutzen zwar den hohen Anteil an Oberflächenwasser als gut zugängliches Trinkwasser, sind aber in den meisten Fällen nicht unmittelbar an die Wasserlebensräume gebunden. Stillgewässer und strömungsarme Fließgewässer in Waldnähe werden gerne von Wasser-, Fransen- und Zwergfledermaus genutzt, um über den Wasseroberflächen und entlang der angrenzenden Wälder nach Insekten zu jagen.

Eine direkte Bindung an den Wasserlebensraum haben Sumpf- und Wasserspitzmaus, Bisam, Wanderratte sowie Waschbär und Nutria. Die beiden erstgenannten Arten sind auf naturnahe Fließgewässer und kleine strukturreiche Stillgewässer angewiesen. Schermaus, Bisam- und Wanderratte und der Waschbär kommen hingegen an fast al-

Abb. 101: Haselhuhn

räumlich davon klar getrennt, in einem aus dem Raum Asbach über Altenkirchen und Gebhardshain zur Fuchskaute reichenden Streifen. Sein Lebensraum waren solche Flächen, die infolge der Übernutzung des Waldes verheidet, als Niederwald einer regelmäßigen Zwischennutzung als Ackerland unterworfen oder als Moorflächen wie im Derscher Geschwämm natürliche „Waldkampfzonen" waren.

Der erst in jüngster Zeit zum Stillstand gekommene Fichtenanbau schuf seit Anfang des 19. Jh. einer ganzen Reihe von Vogelarten die Möglichkeit, im Westerwald zu siedeln, dem bis dahin Nadelgehölze außer dem Wacholder fehlten. Hier sind etwa Hauben- und Tannenmeise oder das Wintergoldhähnchen ebenso zu nennen wie der Fichtenkreuzschnabel (dieser als Brutvogel schon 1862 in Dillenburg sowie 1888/89 in Altenkirchen/Ww. nachgewiesen). Auch das unregelmäßige Brüten des Erlenzeisigs ist an Mastjahre der Fichte gebunden. Der spätestens seit 1955 als Brutvogel bekannte Tannenhäher ist für seine mit Haselnüssen betriebene Vorratswirtschaft auf Fichten-

Abb. 102: Haubenmeise

Abb. 103: Schwarzspecht

Stangenhölzer angewiesen. Geradezu stürmisch konnte der Schwarzspecht zwischen 1890 und 1910 Einzug in den Wäldern halten, weil einerseits der Fichtenanbau seine Nahrungsgrundlage verbesserte, zugleich aber die Buchen auch ein höheres Bestandsalter erzielen konnten.

Das seit 2018 zu registrierende dürre- und hitzebedingte Absterben der Fichtenforste und das nachfolgende großflächige Einschlagen der von Borkenkäfern befallenen Bestände werden bei den vorgenannten „Profiteuren" des Fichtenanbaus zu gravierenden Bestandseinbrüchen führen, der Tannenhäher wird sicher bald als Brutvogel verschwinden.

9.3 Vögel landwirtschaftlich genutzter Flächen

Besonders im Hohen und Oberen Westerwald nahmen weitläufige Gemeindeviehweiden bedeutende Flächenanteile ein, bevor sie um 1900 beginnend allmählich durch Aufforstungen oder Entwässerungen umgewandelt wurden. Als charakteristische Brutvogelarten siedelten hier Heidelerche und Raubwürger sowie Wiedehopf und Steinschmätzer.

Bis in die jüngste Vergangenheit prägten Zwerg- und Kleinbetriebe die Struk-

Abb. 104: Braunkehlchen

Abb. 105: Neuntöter

tur der Landwirtschaft, woraus eine starke Parzellierung des Grundbesitzes und eine hohe Vielfalt der Nutzungen resultierten. Vor allem das wechselfeuchte Grünland, oft in Nähe zu anmoorigen Standorten, bot Braunkehlchen, Wiesenpieper und Bekassine Brutgelegenheiten. Diese Arten sind in ihrer Verbreitung in den letzten zwanzig Jahren erheblich eingeschränkt worden, die Bekassine ist mittlerweile ausgestorben. Neben großflächig durchgeführten Drainagemaßnahmen sind ihnen das Abrücken von der Heugewinnung und der gleichzeitige Übergang zu Silagewirtschaft besonders abträglich. Als weiterer Indikator strukturreicher Grünlandflächen kann der Neuntöter gelten, der im Westerwald noch bemerkenswert hohe Siedlungsdichten erreicht.

Das Rebhuhn als ehemals typischer Brutvogel der Feldfluren ist durch zwei verschiedene Entwicklungen vollständig verschwunden: zum einen der Übergang zur nahezu reinen Grünlandwirtschaft im Hohen Westerwald, zum anderen durch Nutzungsintensivierungen. In Verbindung mit Nutzungsänderungen (z. B. Anbau von Mais und Winterraps) gerät selbst ein ehemaliger „Allerweltsvogel" wie die Feldlerche zunehmend unter Druck.

9.4 Vögel der Siedlungen

Nicht ganz 10% des Westerwaldes nehmen Siedlungs- und Gewerbeflächen ein. Der Strukturwandel in der Landwirtschaft hatte den nachhaltigsten Einfluss auf die Vogelwelt dieses Lebensraumes. Dass er seinen ehemals dörflichen Charakter verloren hat, registrieren viele wehmütig im Niedergang der Brutbestände der Rauchschwalbe. Ebenso augenfällig ist der Rückgang des Haussperlings oder auch der Türkentaube, beides Arten, die von im Auslauf gehaltenem Federvieh profitierten. Die zu reinen Wohngebieten mutierten Dörfer wurden mit ihren Ziergärten und Rasenflächen vom Alpenbirkenzeisig neu besiedelt. Als Resultat der stärkeren Durchgrünung auch mit hochwüchsigen Nadelhölzern sind in den letzten 25–30 Jahren Ringeltaube und Singdrossel zu Brutvögeln der Ortschaften geworden.

9.5 Vögel an Weihern

Im Unterschied zu den übrigen Landschaften des Rheinischen Schiefergebirges ist der Westerwald ein „Weiherland". Vor allem die Krombachtalsperre mit der nahegelegenen Breitenbachtalsperre und der Driedorfer Talsperre, sodann der Wiesensee und als besonderes Kleinod die sieben Weiher der Westerwälder Seenplatte sind für die Vogelwelt von herausragender Bedeutung. Die Naturschutzgebiete der Westerwälder Seenplatte sind Brutgebiet einer Vielzahl seltener Vogelarten (Zwerg-, Hauben-, Rothals- und Schwarzhalstaucher, Reiher- und Tafelente, Wasserralle, Teichrohrsänger). Alle genannten Gewässer sind zur Zugzeit Anziehungspunkt für viele Entenvögel, Watvögel, Möwen und Seeschwalben, denen aber die allenthalben praktizierten Freizeit- und Tourismusnutzungen das Leben schwer machen. Mit Reiherente, Kanadagans und

Abb. 106: Gebirgsstelze

Abb. 107: Wasseramsel

Nilgans haben sich drei Brutvogelarten etabliert, die selbst an kleinen Angelteichen oder Schönungsteichen der Kläranlagen ein Auskommen finden.

9.6 Vögel an Bächen

Viele größere Bäche des Westerwaldes sind nach wie vor von den drei typischen Bachvogelarten Wasseramsel, Gebirgsstelze und Eisvogel besiedelt. Für Letzteren sind die Große Nister, die Wied und der Gelbach von ganz herausragender Bedeutung. Nahezu in Vergessenheit geraten ist das ehemalige Brutvorkommen der Uferschwalbe an der Wied von Altenkirchen an bachabwärts und am Unterlauf des Holzbaches. Der Graureiher brütet in mehreren kleinen Kolonien verstreut über den gesamten Westerwald.

9.7 Vögel in Steinbrüchen und Tongruben

Die großen Basaltsteinbrüche im Hohen und Oberen Westerwald sowie die Tontagebaue im südlichen Westerwaldkreis sind im 20. Jh. entstanden, und ihre verstärkte Ausbeutung erfolgte erst nach 1950. Als „Lebensraum aus zweiter Hand" hat sich der Flussregenpfeifer diese Abbaugebiete nutzbar machen können, muss sie jedoch räumen, wenn der Abbau zum Erliegen kommt. Das Inventar der Steinbrüche und Tongruben stellte den ausschlaggebenden Rückhalt für die Wiederansiedlung des Uhus im Westerwald. Bemerkenswert ist auch, dass das Schwarzkehlchen gerade auf Ruderalflächen um die Tonabbaugebiete einen Schwerpunkt seines Vorkommens hat.

9.8 Neue Entwicklungen bei Durchzüglern und Gastvögeln

Die bisherige Darstellung hat die Dynamik im Arteninventar der Brutvögel abrissartig vorgestellt. Für die allein als Durchzügler und Gastvögel im Westerwald auftretenden Arten kann hier aus Platzgründen keine vergleichbare Gesamtschau geboten werden. Es soll aber an drei dieser Arten gezeigt werden, wie auch für sie der Westerwald ein bedeutsamer Lebensraum in ihrem Jahreszyklus sein kann. Der Silberreiher war bis zum Jahr 2000 eine Ausnahmeerscheinung im Westerwald. Seither tritt er ganzjährig auf, und seine herbstlichen Ansammlungen an

Abb. 108: Bergfinken

Abb. 109: Fischadler

Abb. 110: Wiedehopf

der Westerwälder Seenplatte bringen es auf ca. 150 Individuen. Im Winter verteilen sich die Silberreiher, deren Herkunft aus Ungarn oder Weißrussland durch Beringung nachgewiesen ist, weit im Land auf Wiesen und Ackerflächen. Auch der Kranich, seit jeher zu beiden Zugzeiten über den Westerwald ziehend, hat sein Auftreten seit 2010 geändert. Seither rastet und übernachtet die Art regelmäßig im Gebiet der Westerwälder Seenplatte.

Die Buchenwälder des Westerwaldes können in Mastjahren mit überreichem Angebot an Bucheckern den Bergfinken beherbergen. Dabei kann es zur Bildung von Großschlafplätzen kommen, wie es 2015 bei Hillscheid zu registrieren war. Schätzungsweise 4 Mio. Bergfinken übernachteten damals im Januar und Februar im Talkessel des Feisternachtbaches.

Diese Liste folgt in Systematik, Taxonomie und Nomenklatur P. H. Barthel & T. Krüger (2019): Liste der Vögel Deutschlands. Version 3.2. Radolfzell 2019.
Erläuterung der Kategorien
A: Die Art wurde seit 1. Januar 1950 mindestens einmal als Wildvogel festgestellt.
B: Die Art wurde lediglich im Zeitraum vom 1. Januar 1800 bis 31. Dezember 1949 als Wildvogel festgestellt.
C: Ursprünglich nicht heimische Art; vorsätzlich oder versehentlich angesiedelt bzw. Vorkommen im Westerwald auf vorsätzliche oder versehentliche Ansiedlung in anderen Regionen zurückgehend.
Erläuterung des Brutstatus
0: Ehemals regelmäßiger Brutvogel, seit 2010 kein Brutnachweis.
1: Hat seit 1800 ausnahmsweise gebrütet, ist aber kein regelmäßiger Brutvogel (mehr).
2: Brütet nicht alljährlich, aber doch in erkennbar regelmäßigen Abständen.
3: Regelmäßiger Brutvogel, aber in sehr geringer Anzahl und/oder auf wenige Brutgebiete beschränkt.
4: Regelmäßiger Brutvogel.

Tab. 11: Liste der Vögel des Westerwaldes.

Deutscher Name	Wissenschaftlicher Name	Kategorie	Brutstatus
HÜHNERVÖGEL	ORDNUNG GALLIFORMES		
Haselhuhn	*Tetrastes bonasia*	A	0?
Auerhuhn	*Tetrao urogallus*	B	0
Birkhuhn	*Lyrurus tetrix*	B	0
Rebhuhn	*Perdix perdix*	A	0
Wachtel	*Coturnix coturnix*	A	3
Jagdfasan	*Phasianus colchicus*	CE	3
ENTENVÖGEL	ORDNUNG ANSERIFORMES		
Ringelgans	*Branta bernicla*	A	
Kanadagans	*Branta canadensis*	C	4
Graugans	*Anser anser*	AC	1
Tundrasaatgans	*Anser serrirostris*	A	
Blässgans	*Anser albifrons*	A	
Höckerschwan	*Cygnus olor*	AC	3
Zwergschwan	*Cygnus columbianus*	A	
Singschwan	*Cygnus cygnus*	A	
Nilgans	*Alopochen aegyptiaca*	C	4
Brandgans	*Tadorna tadorna*	A	
Mandarinente	*Aix galericulata*	CE	
Knäkente	*Spatula querquedula*	A	1
Löffelente	*Spatula clypeata*	A	
Schnatterente	*Mareca strepera*	A	
Pfeifente	*Mareca penelope*	A	
Stockente	*Anas platyrhynchos*	A	4
Spießente	*Anas acuta*	A	
Krickente	*Anas crecca*	A	1
Kolbenente	*Netta rufina*	A	
Tafelente	*Aythya ferina*	A	3
Moorente	*Aythya nyroca*	AD	
Reiherente	*Aythya fuligula*	A	3
Bergente	*Aythya marila*	A	
Eiderente	*Somateria mollissima*	A	
Samtente	*Melanitta fusca*	A	
Trauerente	*Melanitta nigra*	A	

Deutscher Name	Wissenschaftlicher Name	Kategorie	Brutstatus
Eisente	*Clangula hyemalis*	A	
Schellente	*Bucephala clangula*	A	
Zwergsäger	*Mergellus albellus*	A	
Gänsesäger	*Mergus merganser*	A	
Mittelsäger	*Mergus serrator*	A	
NACHTSCHWALBENVÖGEL	ORDNUNG CAPRIMULGIFORMES		
Nachtschwalbe	*Caprimulgus europaeus*	A	0
SEGLERVÖGEL	ORDNUNG APODIFORMES		
Mauersegler	*Apus apus*	A	4
TRAPPEN	ORDNUNG OTIDIFORMES		
Großtrappe	*Otis tarda*	B	
KUCKUCKE	ORDNUNG CUCULIFORMES		
Kuckuck	*Cuculus canorus*	A	4
TAUBEN	ORDNUNG COLUMBIFORMES		
Straßentaube	*Columba livia* f. *domestica*	C	3
Hohltaube	*Columba oenas*	A	4
Ringeltaube	*Columba palumbus*	A	4
Turteltaube	*Streptopelia turtur*	A	3
Türkentaube	*Streptopelia decaocto*	A	4
KRANICHVÖGEL	ORDNUNG GRUIFORMES		
Wasserralle	*Rallus aquaticus*	A	3
Wachtelkönig	*Crex crex*	A	2
Kleinsumpfhuhn	*Zapornia parva*	A	
Tüpfelsumpfhuhn	*Porzana porzana*	A	
Teichhuhn	*Gallinula chloropus*	A	4
Blässhuhn	*Fulica atra*	A	3
Kranich	*Grus grus*	A	
LAPPENTAUCHER	ORDNUNG PODICIPEDIFORMES		
Zwergtaucher	*Tachybaptus ruficollis*	A	4
Rothalstaucher	*Podiceps grisegena*	A	3
Haubentaucher	*Podiceps cristatus*	A	3
Ohrentaucher	*Podiceps auritus*	A	

Deutscher Name	Wissenschaftlicher Name	Kategorie	Brutstatus
Schwarzhalstaucher	*Podiceps nigricollis*	A	3
REGENPFEIFERVÖGEL	ORDNUNG CHARADRIIFORMES		
Triel	*Burhinus oedicnemus*	A	
Austernfischer	*Haematopus ostralegus*	A	
Säbelschnäbler	*Recurvirostra avosetta*	A	
Kiebitz	*Vanellus vanellus*	A	3
Goldregenpfeifer	*Pluvialis apricaria*	A	
Kiebitzregenpfeifer	*Pluvialis squatarola*	A	
Sandregenpfeifer	*Charadrius hiaticula*	A	
Flussregenpfeifer	*Charadrius dubius*	A	3
Seeregenpfeifer	*Charadrius alexandrinus*	A	
Regenbrachvogel	*Numenius phaeopus*	A	
Brachvogel	*Numenius arquata*	A	
Pfuhlschnepfe	*Limosa lapponica*	A	
Uferschnepfe	*Limosa limosa*	A	
Steinwälzer	*Arenaria interpres*	A	
Knutt	*Calidris canutus*	A	
Kampfläufer	*Calidris pugnax*	A	
Sumpfläufer	*Calidris falcinellus*	A	
Sichelstrandläufer	*Calidris ferruginea*	A	
Temminckstrandläufer	*Calidris temminckii*	A	
Sanderling	*Calidris alba*	A	
Alpenstrandläufer	*Calidris alpina*	A	
Zwergstrandläufer	*Calidris minuta*	A	
Graubrust-Strandläufer	*Calidris melanotos*	A	
Waldschnepfe	*Scolopax rusticola*	A	4
Zwergschnepfe	*Lymnocryptes minimus*	A	
Doppelschnepfe	*Gallinago media*	B	
Bekassine	*Gallinago gallinago*	A	0
Odinshühnchen	*Phalaropus lobatus*	A	
Thorshühnchen	*Phalaropus fulicarius*	A	
Flussuferläufer	*Actitis hypoleucos*	A	
Waldwasserläufer	*Tringa ochropus*	A	
Rotschenkel	*Tringa totanus*	A	
Teichwasserläufer	*Tringa stagnatilis*	A	
Bruchwasserläufer	*Tringa glareola*	A	

Deutscher Name	Wissenschaftlicher Name	Kategorie	Brutstatus
Dunkelwasserläufer	*Tringa erythropus*	A	
Grünschenkel	*Tringa nebularia*	A	
Dreizehenmöwe	*Rissa tridactyla*	A	
Lachmöwe	*Chroicocephalus ridibundus*	A	
Zwergmöwe	*Hydrocoloeus minutus*	A	
Schwarzkopfmöwe	*Ichthyaetus melanocephalus*	A	
Sturmmöwe	*Larus canus*	A	
Silbermöwe	*Larus argentatus*	A	
Steppenmöwe	*Larus cachinnans*	A	
Mittelmeermöwe	*Larus michahellis*	A	
Heringsmöwe	*Larus fuscus*	A	
Lachseeschwalbe	*Gelochelidon nilotica*	A	
Raubseeschwalbe	*Hydroprogne caspia*	A	
Brandseeschwalbe	*Thalasseus sandvicensis*	A	
Zwergseeschwalbe	*Sternula albifrons*	A	
Flussseeschwalbe	*Sterna hirundo*	A	
Küstenseeschwalbe	*Sterna paradisaea*	A	
Weißbart-Seeschwalbe	*Chlidonias hybrida*	A	
Weißflügel-Seeschwalbe	*Chlidonias leucopterus*	A	
Trauerseeschwalbe	*Chlidonias niger*	A	
Spatelraubmöwe	*Stercorarius pomarinus*	A	
Schmarotzerraubmöwe	*Stercorarius parasiticus*	A	
Falkenraubmöwe	*Stercorarius longicaudus*	A	
SEETAUCHER	ORDNUNG GAVIIFORMES		
Sterntaucher	*Gavia stellata*	A	
Prachttaucher	*Gavia arctica*	A	
Eistaucher	*Gavia immer*	A	
STÖRCHE	ORDNUNG CICONIIFORMES		
Schwarzstorch	*Ciconia nigra*	A	4
Weißstorch	*Ciconia ciconia*	A	1
RUDERFÜSSER	ORDNUNG SULIFORMES		
Basstölpel	*Morus bassanus*	A	
Zwergscharbe	*Microcarbo pygmaeus*	A	
Kormoran	*Phalacrocorax carbo*	A	

Deutscher Name	Wissenschaftlicher Name	Kategorie	Brutstatus
PELIKANVÖGEL	ORDNUNG PELECANIFORMES		
Sichler	Plegadis falcinellus	A	
Löffler	*Platalea leucorodia*	A	
Rohrdommel	*Botaurus stellaris*	A	
Zwergdommel	*Ixobrychus minutus*	A	0
Nachtreiher	*Nycticorax nycticorax*	AE	
Graureiher	*Ardea cinerea*	A	3
Purpurreiher	*Ardea purpurea*	A	
Silberreiher	*Ardea alba*	A	
Seidenreiher	*Egretta garzetta*	A	
GREIFVÖGEL	ORDNUNG ACCIPITRIFORMES		
Fischadler	*Pandion haliaetus*	A	0
Wespenbussard	*Pernis apivorus*	A	4
Gänsegeier	*Gyps fulvus*	A	
Schlangenadler	*Circaetus gallicus*	A	0
Schreiadler	*Clanga pomarina*	A	
Zwergadler	*Hieraaetus pennatus*	A	
Steinadler	*Aquila chrysaetos*	B	
Sperber	*Accipiter nisus*	A	4
Habicht	*Accipiter gentilis*	A	4
Rohrweihe	*Circus aeruginosus*	A	1
Kornweihe	*Circus cyaneus*	A	
Steppenweihe	*Circus macrourus*	A	
Wiesenweihe	*Circus pygargus*	A	
Rotmilan	*Milvus milvus*	A	4
Schwarzmilan	*Milvus migrans*	A	4
Seeadler	*Haliaeetus albicilla*	A	
Raufußbussard	*Buteo lagopus*	A	
Mäusebussard	*Buteo buteo*	A	4
EULEN	ORDNUNG STRIGIFORMES		
Schleiereule	*Tyto alba*	A	3
Uhu	*Bubo bubo*	A	4
Waldkauz	*Strix aluco*	A	4
Sperbereule	*Surnia ulula*	B	
Sperlingskauz	*Glaucidium passerinum*	A	?

Deutscher Name	Wissenschaftlicher Name	Kategorie	Brutstatus
Steinkauz	*Athene noctua*	A	3
Raufußkauz	*Aegolius funereus*	A	3
Waldohreule	*Asio otus*	A	4
Sumpfohreule	*Asio flammeus*	A	
HORNVÖGEL	ORDNUNG BUCEROTIFORMES		
Wiedehopf	*Upupa epops*	A	0
RACKENVÖGEL	ORDNUNG CORACIIFORMES		
Blauracke	*Coracias garrulus*	A	
Eisvogel	*Alcedo atthis*	A	4
Bienenfresser	*Merops apiaster*	A	
SPECHTVÖGEL	ORDNUNG PICIFORMES		
Wendehals	*Jynx torquilla*	A	0
Mittelspecht	*Dendrocoptes medius*	A	4
Kleinspecht	*Dryobates minor*	A	4
Buntspecht	*Dendrocopos major*	A	4
Schwarzspecht	*Dryocopus martius*	A	4
Grünspecht	*Picus viridis*	A	4
Grauspecht	*Picus canus*	A	4
FALKEN	ORDNUNG FALCONIFORMES		
Turmfalke	*Falco tinnunculus*	A	4
Rotfußfalke	*Falco vespertinus*	A	
Merlin	*Falco columbarius*	A	
Baumfalke	*Falco subbuteo*	A	4
Wanderfalke	*Falco peregrinus*	A	0
SPERLINGSVÖGEL	ORDNUNG PASSERIFORMES		
Neuntöter	*Lanius collurio*	A	4
Schwarzstirnwürger	*Lanius minor*	A	
Raubwürger	*Lanius excubitor*	A	0
Rotkopfwürger	*Lanius senator*	A	0
Pirol	*Oriolus oriolus*	A	1
Eichelhäher	*Garrulus glandarius*	A	4
Elster	*Pica pica*	A	4
Tannenhäher	*Nucifraga caryocatactes*	A	3

Deutscher Name	Wissenschaftlicher Name	Kategorie	Brutstatus
Dohle	*Coloeus monedula*	A	4
Saatkrähe	*Corvus frugilegus*	A	0
Rabenkrähe	*Corvus corone*	A	4
Nebelkrähe	*Corvus cornix*	A	
Kolkrabe	*Corvus corax*	A	4
Seidenschwanz	*Bombycilla garrulus*	A	
Tannenmeise	*Periparus ater*	A	4
Haubenmeise	*Lophophanes cristatus*	A	4
Sumpfmeise	*Poecile palustris*	A	4
Weidenmeise	*Poecile montanus*	A	4
Blaumeise	*Cyanistes caeruleus*	A	4
Kohlmeise	*Parus major*	A	4
Beutelmeise	*Remiz pendulinus*	A	
Bartmeise	*Panurus biarmicus*	A	
Heidelerche	*Lullula arborea*	A	0
Feldlerche	*Alauda arvensis*	A	4
Haubenlerche	*Galerida cristata*	A	0
Uferschwalbe	*Riparia riparia*	A	0
Rauchschwalbe	*Hirundo rustica*	A	4
Mehlschwalbe	*Delichon urbicum*	A	4
Seidensänger	*Cettia cetti*	A	
Schwanzmeise	*Aegithalos caudatus*	A	4
Waldlaubsänger	*Phylloscopus sibilatrix*	A	4
Fitis	*Phylloscopus trochilus*	A	4
Zilpzalp	*Phylloscopus collybita*	A	4
Grünlaubsänger	*Phylloscopus trochiloides*	A	1
Drosselrohrsänger	*Acrocephalus arundinaceus*	A	0
Seggenrohrsänger	*Acrocephalus paludicola*	A	
Schilfrohrsänger	*Acrocephalus schoenobaenus*	A	
Teichrohrsänger	*Acrocephalus scirpaceus*	A	3
Sumpfrohrsänger	*Acrocephalus palustris*	A	4
Orpheusspötter	*Hippolais polyglotta*	A	1
Gelbspötter	*Hippolais icterina*	A	0
Feldschwirl	*Locustella naevia*	A	3
Schlagschwirl	*Locustella fluviatilis*	A	1
Rohrschwirl	*Locustella luscinioides*	A	1

Deutscher Name	Wissenschaftlicher Name	Kategorie	Brutstatus
Mönchsgrasmücke	*Sylvia atricapilla*	A	4
Gartengrasmücke	*Sylvia borin*	A	4
Klappergrasmücke	*Sylvia curruca*	A	4
Dorngrasmücke	*Sylvia communis*	A	4
Samtkopf-Grasmücke	*Sylvia melanocephala*	A	
Sommergoldhähnchen	*Regulus ignicapilla*	A	4
Wintergoldhähnchen	*Regulus regulus*	A	4
Zaunkönig	*Troglodytes troglodytes*	A	4
Kleiber	*Sitta europaea*	A	4
Mauerläufer	*Tichodroma muraria*	B	
Waldbaumläufer	*Certhia familiaris*	A	4
Gartenbaumläufer	*Certhia brachydactyla*	A	4
Star	*Sturnus vulgaris*	A	4
Ringdrossel	*Turdus torquatus*	A	
Amsel	*Turdus merula*	A	4
Wacholderdrossel	*Turdus pilaris*	A	4
Rotdrossel	*Turdus iliacus*	A	
Singdrossel	*Turdus philomelos*	A	4
Misteldrossel	*Turdus viscivorus*	A	4
Grauschnäpper	*Muscicapa striata*	A	4
Rotkehlchen	*Erithacus rubecula*	A	4
Blaukehlchen	*Luscinia svecica*	A	
Nachtigall	*Luscinia megarhynchos*	A	1
Trauerschnäpper	*Ficedula hypoleuca*	A	3
Halsbandschnäpper	*Ficedula albicollis*	A	1
Zwergschnäpper	*Ficedula parva*	A	
Hausrotschwanz	*Phoenicurus ochruros*	A	4
Gartenrotschwanz	*Phoenicurus phoenicurus*	A	3
Steinrötel	*Monticola saxatilis*	B	
Braunkehlchen	*Saxicola rubetra*	A	3
Schwarzkehlchen	*Saxicola rubicola*	A	3
Steinschmätzer	*Oenanthe oenanthe*	A	0
Wasseramsel	*Cinclus cinclus*	A	4
Haussperling	*Passer domesticus*	A	4
Feldsperling	*Passer montanus*	A	4
Schafstelze	*Motacilla flava*	A	0

Deutscher Name	Wissenschaftlicher Name	Kategorie	Brutstatus
Zitronenstelze	*Motacilla citreola*	A	
Gebirgsstelze	*Motacilla cinerea*	A	4
Bachstelze	*Motacilla alba*	A	4
Spornpieper	*Anthus richardi*	A	
Brachpieper	*Anthus campestris*	A	
Wiesenpieper	*Anthus pratensis*	A	3
Baumpieper	*Anthus trivialis*	A	4
Rotkehlpieper	*Anthus cervinus*	A	
Bergpieper	*Anthus spinoletta*	A	
Buchfink	*Fringilla coelebs*	A	4
Bergfink	*Fringilla montifringilla*	A	
Kernbeißer	*Coccothraustes coccothraustes*	A	4
Gimpel	*Pyrrhula pyrrhula*	A	4
Karmingimpel	*Carpodacus erythrinus*	A	
Grünfink	*Chloris chloris*	A	4
Berghänfling	*Linaria flavirostris*	A	
Bluthänfling	*Linaria cannabina*	A	4
Taigabirkenzeisig	*Acanthis flammea*	A	
Alpenbirkenzeisig	*Acanthis cabaret*	A	3
Fichtenkreuzschnabel	*Loxia curvirostra*	A	2
Bindenkreuzschnabel	*Loxia leucoptera*	B	
Stieglitz	*Carduelis carduelis*	A	4
Girlitz	*Serinus serinus*	A	3
Erlenzeisig	*Spinus spinus*	A	2
Spornammer	*Calcarius lapponicus*	A	
Schneeammer	*Plectrophenax nivalis*	A	
Grauammer	*Emberiza calandra*	A	
Goldammer	*Emberiza citrinella*	A	4
Ortolan	*Emberiza hortulana*	A	
Zwergammer	*Emberiza pusilla*	A	
Rohrammer	*Emberiza schoeniclus*	A	3

10

Zur naturkundlichen Erforschung des Westerwaldes

Hermann Josef Roth

Zum naturkundlichen Kenntnisstand des Mittelalters gibt es nur indirekte Belege, z.B. naturalistische Pflanzendarstellungen in der gotischen Baukunst, wie den Kapitellen im Kreuzgang von Rommersdorf und in den Stiftskirchen von Marienstatt und Wetzlar.

Reformation und überseeische Entdeckungen veränderten radikal das geistige Klima. Nassau-Dillenburg war damals die einzige Grafschaft des Reichs, der die Gründung einer Landeshochschule gelang: die Hohe Schule zu Herborn (1584–1817). Hier lehrte der Polyhistor Johann Heinrich Alstedius (Alstedt, 1588–1638), der die erste deutsche Wissenschaftsenzyklopädie (Scientiarum omnium encyclopaedia, 1630) verfasst hat. Der vielseitig gebildete Zacharias Rosenbach (1595–1638) führte 1638 die erste Sektion eines menschlichen Körpers in Herborn durch. Seine „Vier Bücher der Natur" erschienen in der Enzyklopädie von Alsted (1630) und enthalten floristische und faunistische Angaben.

10.1 Botanik

Zwischen Mittelalter und Neuzeit steht die Gestalt von Otto Brunfels (ca. 1489–1534), dessen Vater aus Braunfels stammt. Der Kartäusermönch, dann lutherischer Prediger und Arzt, hat in seinem bahnbrechenden Werk Herbarum vivae icones (1530/36; dt.: Contrafayt Kräuterbuch, 1532–1537) erstmals Abbildungen einheimischer Pflanzen mit deutschen Namen veröffentlicht. Sein Kollege Tabernaemontanus (1530–1590) bereiste 1585 den Westerwald und machte floristische Angaben unter anderem aus der Hachenburger Gegend. Diese „Väter der Botanik" verfolgten in erster Linie pharmazeutische Interessen.

Abb. 111: Johann Jakob Dillenius

Verbesserte Reisemöglichkeiten und die Verbreitung botanischer Gärten begünstigten im 16./17. Jahrhundert die Beschäftigung mit Botanik. Gießen erhielt in Ludwig Jungermann (1572–1653) den wohl ersten Lehrstuhlinhaber für Botanik in unserem Raum.

Überregionale Bedeutung erlangte Johann Jakob Dillenius (1684–1747), der zunächst als Arzt in Gießen und Braubach wirkte, sich seit 1721 aber in England botanischen Studien widmete und 1734 einen Lehrstuhl in Oxford erhielt. Sein Catalogus plantarum sponte circa Gissam nascentium (Verzeichnis der in der Umgebung von Gießen wildwachsenden Pflanzen, 1719) dürfte die erste detailgetreue Flora Westdeutschlands sein und blieb vorbildlich für die nachfolgenden Florenwerke des Lahngebietes. Der Katalog verzeichnet 140 neue Moosarten und 90 bis dahin unbekannte Pilze. Mit seiner Historia muscorum (1741) schließlich gilt er als Begründer der Mooskunde.

Dem Vorsteher der Hofapotheke in Herborn, Johann Daniel Leers (1727–1774), verdanken wir eine weitere Lokalflora (1775). Darin findet bereits die binäre Nomenklatur nach Linné Anwendung. Die geplante Fauna Herbornensis kam dagegen nicht zustande.

Diesen Weg verfolgten sodann Johann Adam Hoffmann (1707–1781), der das System nach Linné nun konsequent rezipierte, oder Johann Jakob (1684–1747) sowie der botanisch interessierte Theologe Johann Friedrich Fuchs (1739–1823). Vor allem der Arzt und Botaniker Hoffmann, ein Sohn von Leers, ließ sich aus Begeisterung für die Schönheit der Natur zur systematischen Bestandsaufnahme der heimischen Flora anregen. Er schuf in Herborn einen botanischen Garten nach holländischem Vorbild. Zu Lehrzwecken legte er ein Herbarium an und richtete ein Naturalienkabinett ein. Gleichzeitig religiös gebunden und theologisch

Abb. 112: Catharina Helena Doerrien, Ölgemälde von Ludwig Huck (1761), Museum Wiesbaden. Naturwissenschaftliche Sammlung

interessiert ist er bemüht, Glaube und Wissen in Einklang zu bringen, Rationalität und Emotionalität gegeneinander aufzuwiegen.

Nur hier konnte – unerhört für die damalige Zeit – eine Frau zu wissenschaftlichen Ehren gelangen, die unvergleichliche Catharina Helena Doerrien (1717–1795). Die Privatlehrerin dehnte die floristische Bestandsaufnahme erheblich aus und schmückte ihr Werk (1777) mit 1427 künstlerisch und wissenschaftlich hochwertigen Aquarellen, von denen heute nur noch 34 erhalten sind und im Museum Wiesbaden betreut werden. Die Doerrien veröffentlichte dazu 1776 ein „Verzeichnis und Beschreibung der in den Fürstlich Oranisch-Nassauischen Landen wildwachsenden Gewächse“. Zusammen mit den Reisenotizen (1736) von Johann Ja-

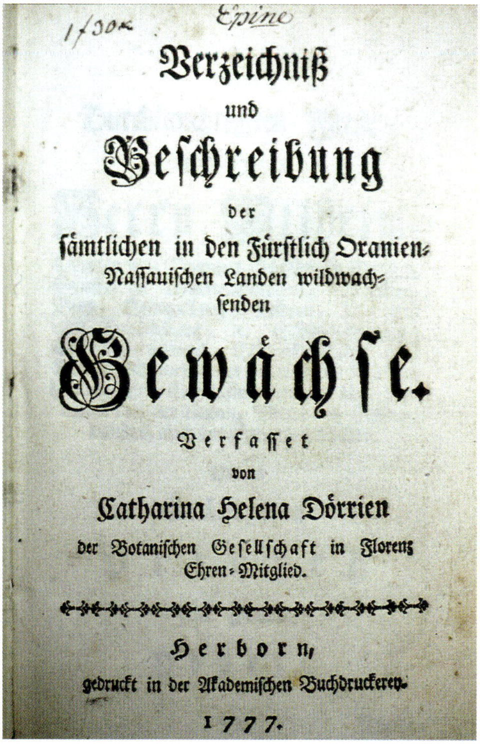

Abb. 113: Flora Doerrien

kob Senckenberg (1707–1772) besitzen wir heute eine floristische Dokumentation des Lahn-Dill-Gebietes und des Westerwaldes, die bei vergleichender Betrachtung Beurteilungskriterien für aktuelle ökologische Fragen liefern kann.

Mit Heinrich August Meinhard (1776–1858) und Johann Jakob Roemer (1759–1825) verlagerte sich der Schwerpunkt der Naturkunde von der Hohen Schule, die 1817 geschlossen wurde, an das Pädagogium in Dillenburg. Während Meinhard nichts veröffentlicht hat, aber von Leers als „der beste Botaniker des Westerwald- und Dillgebietes" gerühmt und bei Rudio oft zitiert wird, schrieb Roemer zahlreiche Beiträge für die „Dillenburgische Intelligenz-Nachrichten" und vor allem das „Ausführliche Verzeichnis der in Nassau wildwachsenden giftigen und verdächtigen Pflanzen" (1802). Er steht noch ganz in der Tradition der Hohen Schule zu Herborn, so dass er neben seinem Hauptberuf als Pädagoge zeitweilig auch als Pfarrer amtierte. Franz Rudio (1813–1877) machte sich als Manager des Nassauischen Vereins für Naturkunde verdient und veröffentlichte in dessen Jahrbüchern „Übersicht über die Phanerogamen und Gefässkryptogamen in Nassau" (1851, 1852).

Vielseitig, wie alle diese Gelehrten, waren als „Auch-Botaniker" Friedrich Albert Pompejus von Arnoldi (1787–1839) und Christian Daniel Vogel (1789–1852), der durch seine „Beschreibung des Herzogthums Nassau" (Wiesbaden 1843) bekannt geworden ist. Trug Letzterer vor allem zur Allgemeinen Landeskunde bei, so beteiligte sich Arnoldi am Aufbau des Nassauischen Herbars.

Günstige Umstände hatten um die geistigen Zentren in Herborn und Dillenburg, Hohe Schule und Pädagogium, sowie in Nachbarschaft zu den Universitäten Marburg und Gießen die Erforschung des rechtsrheinischen Schiefergebirges schon früh und intensiv gefördert. Am Rhein selbst setzte dieser Prozess erst mit der politischen Neuorganisation des Erbes der aufgelösten geistlichen Kurfürstentümer ein.

Drei Faktoren haben dies bewirkt: 1. die Verbesserung der Lehrerbildung, 2. die Entstehung naturwissenschaftlicher Vereinigungen und 3. die Gründung der Universität Bonn (1815). Die beiden ersten Faktoren gelten sowohl für die nun preußischen Rheinlande als auch für das Herzogtum Nassau (seit 1806), das 1866 als Provinz Hessen-Nassau Bestandteil von Preußen wurde.

So erschien das wohl erste Florenwerk des 19. Jahrhunderts für den Nassauischen Raum von Adolph Schenk (1803–1878; publ. 1815) „nebst pädagogisch-didacti-

Abb. 114: Johann Philipp Sandberger

schen Vorerinnerungen". Selbst der Apotheker Franz Christian Nicolaus Hergt (1760–1838) schrieb seine Flora „für Schulen" im Raum Hadamar und Wallmerod (1822), deren Bedürfnissen auch Johann Wilhelm Jung (1799–1865) mit seiner „Flora" (1832) entsprechen wollte. Allerdings sind die meisten dieser Floren wenig originell und übernehmen oft unkritisch die Angaben älterer Autoren wie Leers, Doerrien oder, wie im Falle Rudio (1851), von Meinhard. Mehr der pharmazeutischen Sicht verhaftet ist die Lokalflora von Koblenz (1838) des Apothekers Mattias Josef Löhr (1799–1882), die auch den Westerwald berührt.

Sozusagen im Gefolge der Doerrien wandelt der Theologe Johann Philipp Sandberger (1783–1844), der sich nach vorzeitiger Pensionierung (1837) ganz den Naturwissenschaften widmete. Während seiner Dienstzeit am Pädagogium in Dillenburg (1820–1827) hat er 2451 Pflanzenbilder geschaffen. Veröffentlicht hat er ein „Verzeichnis der Mineralien, Pflanzen und Thiere der Umgebung von Weilburg" (1841).

Spätere Autoren wie Michael Bach (1808–1878; publ. 1873, 1879), Dosch und Scriba (1873), Hoffmann (1884), Marcellus Melsheimer (1884), Wilhelm Neinhaus (1866), Hermann Wagner (1824–1879; publ. 1890) und Albert Wigand (1821–1886; publ. 1879) konnten in ihren Florenwerken auf die bedeutenden Vorarbeiten von Karl Wilhelm Gottlieb Leopold Fuckel (1821–1876) und Philipp Wirtgen (1806–1870) zurückgreifen, haben aber auch eigene Untersuchungen beigesteuert wie besonders Josef Sassenfeld (1888).

Fuckel wirkte beruflich zuletzt als Apotheker in Usingen, Eltville und Oestrich. Als Nachfolger von Rudio leitete er die botanische Sektion des Nassauischen Vereins für Naturkunde in Wiesbaden. Daraus erwuchs „Nassaus Flora" (1857) und Nachträge dazu in den Jahrbüchern des Vereins. Mehr noch aber dürfte ihn die Pilzkunde gefesselt ha-

Abb. 115: Karl Wilhelm Gottlieb Leopold Fuckel

Abb. 116: Senckenberg

ben, der er eine Reihe von Veröffentlichungen widmete, die als Pionierleistungen gelten und mit ihren Illustrationen eine beeindruckende Lebensleistung darstellen. Sein Phanerogamen- und Farn-Herbar besitzt das Senckenberg-Museum in Frankfurt, die Pilzsammlung der Nassauische Verein für Naturkunde.

Für den Nordosten des Westerwaldes sind auch die westfälischen Florenwerke aufschlussreich. Sowohl Wilhelm von Fricken (1904) als auch Anton Karsch (1822–1892; publ. 1853, 1911) berücksichtigten ausdrücklich die an Westfalen „angrenzenden Gebiete" und verfolgten fachdidaktische Ziele.

Unvermutet enthält auch die lateinische Flora Bonnensis (1841) von J. Jos. Schmitz und Eduard August von Regel (1815–1892) sowie die „Flora von Bonn" (1866) von F. Hildebrand Standortangaben von den Randzonen des Westerwaldes.

Während bei den meisten der Genannten der Interessenschwerpunkt bei den Kormophyten lag, wandten sich Carl Friedrich Ferdinand Genth (1810–1837) und Daniel Wilhelm Bay[e]rhof[f]er (1793–1868) den Moosen und Flechten zu. Genth hegte den kühnen Plan, eine neue „Flora des Herzogthums Nassau sowie der Rheingegenden von Speyer bis Köln" zu veröffentlicht. Ein tödlicher Unfall vereitelte das Vorhaben.

Die „Flora des Regierungsbezirks Wiesbaden" (1890/91) von Hermann Peter Philipp Wilhelm Wagner (1824–1908) trägt im Titel der Eingliederung des Herzogtums Nassau in den preußischen Staat (1866) Rechnung. Vorangegangen war seine „Flora des unteren Lahntales" (1889), die gleichfalls in zwei Bänden erschien, aber mehr auf eigenen Beobachtungen fußte, die der Autor als Lehrer in Diez und Bad Ems anstellen konnte. Das Niveau von Bayrhofer haben diese beiden Werke allerdings nicht erreicht.

Auch Paul Rittershausen (1865–1924) aus Driedorf kam über seinen Beruf als Apotheker zur Botanik. In seiner Dissertation (1892) untersuchte er die Gattung Acalypha aus der Familie der Wolfsmilchgewächse (Euphorbiaceae) unter anatomisch-systematischen Gesichtspunkten.

Mit der Veröffentlichung von Nees (1823) beginnt die systematische Erforschung der Kryptogamen (Pteridophyta), insbesondere der Moose (Bryophyta), der eifrige Sammler zuarbeiteten. Einer von ihnen, Johann Friedrich Sehlmeyer (1788–1856), veröffentlichte 1845 die erste Flora der blütenlosen Pflanzen für den Raum Köln-Bonn. Der Forscherfleiß fand seinen Niederschlag auch in wertvollen Herbarien. Für den Wes-

turalien samt Curiosa, so dass die Begriffe „Mineralogie" oder „mineralogisch" zunächst nicht im heutigen Sinne verstanden worden sind.

Die auffälligen landschaftlichen Besonderheiten des Rheinischen Schiefergebirges haben geologische Studien von großer Tragweite angeregt. Besonders die vulkanischen Erscheinungen beschäftigten die Geognosten, wie man Geologen damals nannte. Den Hintergrund bildeten heftige Kontroversen über die Entstehung der vulkanischen Erscheinungen: Stammten sie aus den Feuerschlünden der Erde (Plutonismus) oder war das Meer am Werk gewesen (Neptunismus).

Ein verlassener Basaltsteinbruch zwischen Remagen und Godesberg mit den vorgelagerten Unkelsteinen und Basaltriffen im Strombett, veranlassten den 21-jährigen Alexander v. Humboldt zu seiner ersten wissenschaftlichen Arbeit (1790). Er nahm auch die Erpeler Ley mit ihren Basaltsäulen und die Kuppen des Siebengebirges in Augenschein.

Die Universität und das Oberbergamt in Bonn, die Bedürfnisse des Bergbaus und des Gesteinsabbaus, schließlich der Bau und Ausbau von Verkehrswegen und nicht zuletzt Aktivitäten der regionalen wissenschaftlichen Gesellschaften begünstigten geologische Forschungen und erweiterten ihr Spektrum erheblich.

Durch Oberberghauptmann Heinrich von Dechen (1800–1889), der ehrenamtlich Vorsitzender des Naturhistorischen Vereins gewesen ist, fanden viele Amateure zu seriöser wissenschaftlicher Betätigung. Die „Decheniana" sind bis heute Pflichtlektüre der Geo- und Bioamateure geblieben.

Der beachtliche Fortschritt von Geologie und Mineralogie wirkte auch auf die Paläontologie anregend. Der bereits als Sammler erwähnte G. A. Goldfuß schuf in Bonn das grundlegende Tafelwerk Petrefacta Germaniae (1818). Heinrich Ernst Beyrich (1815–

Abb. 120: Heinrich von Dechen

Abb. 121: Phillip Wirtgen: Titelbild der Zeitschrift „Decheniana"

1896) untersuchte „Versteinerungen des rheinischen Übergangsgebirges" (1837), was Philipp Wirtgen und Regierungsrat F. Zeiler mit „Versteinerungen in der rheinischen Grauwacke" (1854) fortsetzten.

Die geologische Terminologie spiegelt beredt das explosionsartige Anwachsen geologischer und paläontologischer Kenntnisse in dieser Zeit. Fundorte und Fundstücke aus unserem Raum sind in Schichtnamen oder in der Bezeichnung von Gattungen und Arten verewigt. So handelte man in der Literatur von den „Coblenzschichten", allerdings derart willkürlich, dass man sehr viel später das „Coblentzien" in Siegenium und das „Ahrien" in Emsium umbenannt hat.

10.4 Paläontologie

Die paläontologische Forschung wurde durch den Bergbau und seinen Bedarf an geologischen Erhebungen im weitesten Sinne stark gefördert. Die fast unübersehbare Zahl an Publikationen und ihr inhaltlicher Reichtum würden eine eigene Abhandlung erfordern, so dass hier nur auf diesen Komplex hingewiesen werden kann.

Wohl die erste Erwähnung von Fossilien in den Rheinlanden findet sich in dem Werk „De natura fossilium" des Georg Agricola (1494–1555), die bei Reparaturen an der Burg Ehrenbreitstein aufgefallen waren.

Doch ist das pflanzenführende Devon des Westerwaldes im Prinzip erst seit wenig mehr als 200 Jahren bekannt. Carl Wilhelm Nose (1753–1835) berichtet in seinen „Orographischen Briefen über das Siebengebirge und die benachbarten zum Theil vulkanischen Gegenden beyder Ufer des Nieder-Rheins" (1789/90) von vier kohligen Flözen, die man beim Abteufen eines Brunnenschachtes in Seligenthal entdeckt hatte. Nose kennzeichnete die im „Kräuterschiefer" enthaltenen Fossilien als „Abdrücke von Stroh-ähnlichen Halmen" und beschrieb damit wohl erstmals Pflanzenreste

Abb. 122: Carl Wilhelm Nose

in Schichtgliedern des Unterdevons. Noses Mitteilung blieb jedoch weithin unbeachtet und erregte selbst in der Fachwelt kein weiteres Aufsehen.

Für die Altersbestimmung von Gesteinsschichten können indes die eingeschlossenen Fossilien von ausschlaggebender Bedeutung sein. Geologen und Paläontologen arbeiteten also Hand in Hand. Emanuel Kayser (1845–1927) widmete sich „der Fauna der Siegenschen Grauwacke" (1892). Auch C. Koch bemühte sich, anhand der fossilen Faunen „die Gliederung der rheinischen Unterdevon-Schichten zwischen Taunus und Westerwald" (1881) darzustellen. Fast gleichzeitig war auch F. Maurer um Klärung der Schichtenfolge des rechtsrheinischen Unterdevon zwischen Braubach und Vallendar bemüht (1882, 1886).

Als fleißiger Sammler betätigte sich auch der Koblenzer Oberpostrat Schwerd, der etwa 13 000 Fossilien zusammentrug, die bis zum Kriegsende 1945 einen wichtigen

Bestandteil des naturkundlichen Museums in Koblenz bildeten. Sie lieferten die Belegstücke für weitere Untersuchungen, so über „das rheinische Unterdevon" (1889) und über „die devonischen Aviculiden" (1891) von Fritz Frech (1863–1917) sowie über „die Lamellibranchiaten des rheinische Devon" (1895) von Louis Beushausen (1863–1904).

Carl Ludwig Fridolin Sandberger (1826–1898) erforschte die Devon-Fossilien des Lahngebietes (1858–1863). Mit seinem Bruder, dem bereits erwähnten Zoologen, veröffentlichte er die „Systematische Beschreibung der Versteinerungen des rheinischen Schichtensystems in Nassau" (1850–1856). Anregungen kamen zweifellos von ihrem Vater, der im Raum Villmar an der Lahn Fossilien aufgesammelt hatte, die an das Museum Wiesbaden gelangten.

Der Umstand, dass Fridolin bei Lehrern wie Robert Bunsen (1811–1899) und Justus Liebig (1803–1873) studiert hatte, ordnet ihn jenseits der idealistischen Naturphilosophie, zu der sich nicht wenige Naturforscher damals bekannten, als exakten Naturwissenschaftler ein.

Carl Ferdinand Roemer (1818–1891) verfeinerte die Methoden und Erkenntnisse der Biostratigraphie für „Das Rheinische Uebergangsgebirge" (1844). Der Gymnasiallehrer Otto Follmann (1856–1926) untersuchte systematisch alle ihm bekannten Aufschlüsse der Koblenzschichten. Monographisch behandelte er die Aviculaceen und Crinoiden des Gebietes, wobei ihm die Erstbeschreibung von *Hystericrinus schwerdii* Follm. gelang. „Die Koblenzschichten am Mittelrhein und im Moselgebiet" (1925) beschreibt alle bis dahin bekannten Fundpunkte samt Fossilien, wobei er sich auf seine eigene Sammlung und die von Schwerd bezieht.

Ihn übertraf bei weitem Ferdinand Alexander Karl Theodor Fuchs (1874–1935), der die Fauna „des Hunsrückschiefers und der Unterkoblenzschichten am Mittelrhein" (1907) zu stratigraphischen Zwecken verglich. Spezielle Studien widmete er einer „Unterkoblenzfauna bei Daaden" (1911).

Auch Friedrich („Fritz") Ernst Drevermann (1875–1932) hat lokale Fundorte studiert und dabei eine „Fauna der Siegener Schichten von Seifen" (1904) bestimmt. Hermann Schaafhausen (1816–1893) aus Koblenz gilt als „Pionier der Urzeitforschung im Rheinland". Seit 1870 beteiligte er sich an der Untersuchung eiszeitlicher Siedlungsreste aus den Höhlen an der Lahn und berichtete auch über „Funde aus der Höhle Wildscheuer bei Steeden" (1876).

Im Kulm, wie es bei Herborn ansteht, erinnert eine für die Örtlichkeit typische Muschel an den Dillenburger Bergrat Johann Philipp Becher (1752–1831), als einen wissenschaftlich verdienten Fachmann. Ein urzeitlicher Schachtelhalm vom Herborner Fundpunkt „Weinberg" trägt den Namen

Abb. 123: Johann Philipp Becher

des Sammlers Stephan Spitzer, um den „unentbehrlichen Beitrag der Liebhaberfor scher für die Wissenschaft zu würdigen“, wie der Namengeber Klaus Ulrich Leistikow (1929–2002) ausdrücklich betont hat.

Dem Herborner Diplom-Ingenieur Dr. Wolfdietrich Bindemann gelang neben anderen wichtigen Entdeckungen der beinahe einmalige Fund des Kauapparates eines fossilen Stachelhäuters am „Weinberg“. Auch Fritz Dreverman hat sich mit dem Unterkarbon von Erdbach und der Erdgeschichte des Scheldetales beschäftigt.

Als Glücksfall für die Paläontologie erwies sich in den 1920er Jahren die Entdeckung pflanzenführender mitteldevonischer Schichten im Wahnbachtal bei Siegburg und in benachbarten Tälern des nördlichen Westerwaldes wie dem Jabachtal. Sie halfen nicht nur bei Klärung taxonomischer Einzelfragen, sondern beleuchteten einen wichtigen Schritt der Evolution. Nach den Aufsehen erregenden Funden von Rhynia in Schottland, lieferten die im Rheinland wesentliche Ergänzungen zum Bild von der Eroberung des Festlandes durch Pflanzen. Hermann Gerhard Weyland (1888–1974) veröffentlichte zusammen mit Richard Kräusel zahlreiche „Beiträge zur Kenntnis der Devonflora“ (1923–1929) und „Pflanzenreste aus dem Devon“ (1930–1934), während die Flora des Wahnbachtales durch Wilhelm Elberskirch und Gustav Steinmann (1856–1929) entdeckt und zuerst beschrieben worden ist (1929). Jetzt war der Fundplatz bei Seligenthal mit einem Mal bekannt und wenig später sogar berühmt.

Zuletzt entstanden entlang der Baustelle der ICE-Trasse vorübergehend Aufschlüsse im Siegenium. Die Abfolgen in den stratigraphisch tiefsten Profilen werden als Ablagerungsbereiche eines Flussdeltas und von Lagunen verstanden. Hier konnten erstmalig für das Sigenium im Rheinischen Schiefergebirge terrestrische Spinnentiere (Arachnidae), bestimmte Kieferklauenträger (Chasmataspididae) und Riesen-Gliederfüßer (Arthropleuridae) festgestellt werden.

Die stratigraphisch höheren Profile Epgert, Krunkel und Grube Georg entstanden dagegen aus Ablagerungen eines zum Meer offenen Flachwasser-Bereichs, so dass sie Versteinerungen von Meerestieren mitführen, wie Brachiopoden, Trilobiten, Moostierchen (Bryozoa), Korallen und Muscheln. Diese lassen sich dem Mittel- und Ober-Siegenium zuordnen.

10.5 Naturkunde-Vereine

Große Bedeutung erlangten die neu gegründeten naturkundlichen Vereinigungen für die Organisation der wissenschaftlichen Aktivitäten sowie als Forum für die überwiegend ehrenamtlich tätigen Forscher. Soweit sie sich damals eingehend mit dem Westerwald befasst haben sind dies, jeweils mit der zurzeit gültigen Bezeichnung:

- Nassauischer Verein für Naturkunde zu Wiesbaden (gegr. 1829),
- Rheinische Naturforschende Gesellschaft in Mainz (gegr. 1834),
- Botanischer Verein am Mittel- und Niederrhein zu Bonn (gegr. 1834); wurde 1843 zum Naturhistorischen Verein der preußischen Rheinlande und Westfalens (NHV) erweitert,
- POLLICHIA – Verein für Naturforschung und Landespflege (gegr. 1840).

Die Gründungen verfolgten durchweg eher praktische als rein akademische Ziele. So sollte der NHV dem Aufbau eines regionalen Herbariums dienen. Der Nassauische Verein verfolgte die Einrichtung einer naturkundlichen Sammlung in einem Museum. Diese naturwissenschaftlichen Gesellschaften sind bis in die Gegenwart von erheblicher Bedeutung für die Regionalforschung geblieben.

Boten die Vereine in Wiesbaden und Mainz bei fehlender Universität allein den Biologen ein Forum des geistigen Austauschs, so profitierte die Bonner Gesellschaft von der unter Preußen gegründeten Hochschule. Ihre Gründer orientierten sich um Prof. Theodor Friedrich Ludwig Nees von Esenbeck (1787–1837). Eigentlicher Kopf der Gruppe aber war Philipp Wirtgen, der nach Esenbecks Tod die Aktivitäten nach Koblenz verlagerte, das lange den „Mittelpunkt der rheinischen botanischen (d. h. floristischen) Forschungen" bildete. Die von ihm angeregte Gründung des Naturwissenschaftlichen Vereins zu Koblenz (1851) lieferte die Aktionsbasis. Der Verein konnte sogar in der Alten Burg ein Naturkundemuseum aufbauen, dessen Bestände im Zweiten Weltkrieg vernichtet worden sind.

Alle drei sind noch heute aktiv. Ihre Publikationen sind für ernsthafte Heimatforscher unverzichtbar. Das Motto könnte ihnen der berühmte Pharmazeut Friedrich Mohr (1806–1879) aus Koblenz geliefert haben: „Das Erkennen der Natur ist die erhabenste Aufgabe des menschlichen Geistes".

11

Naturgeschichte namentlich

Hermann Josef Roth

Abhandlungen zur Erdgeschichte, über Mineralien oder Versteinerungen enthalten Stichwörter, die einem Handbuch der Heimatkunde entnommen sein könnten. Viele natürliche Bildungen der Erde sind erstmals am Mittelrhein studiert und manche Erscheinungen hier entdeckt worden. Diese Fundpunkte (loci typici, Sing.: locus typicus) setzten weltweit gültige Maßstäbe, an denen jeder Neufund geprüft wird.

In unserem Gebiet haben wirtschaftlich bedeutende Bodenschätze diese Studien gefördert. Aber auch die auftragsfreie Wissenschaft ließ sich durch günstige Aufschlussverhältnisse oder ergiebige Fundpunkte von Mineralien oder Fossilien zu Forschungen anregen. Nicht zuletzt hat der Sammlerfleiß von Bergleuten und Liebhabern prächtige Stufen und interessante Kleinstmineralien der Mineralogie überwiesen. Die biologische Erforschung dagegen setzte erst spät ein. In der Fachsprache der Erdwissenschaften jedoch bekamen etliche Bezeichnungen zeitweilig oder dauernd Geltung, die mit dem Westerwald eng verknüpft sind.

11.1 Gesteine

Zwei wichtige Gesteinspakete des Unterdevons heißen Siegen (Sigenium) und Ems (Emsium). Diese Ems-Schichten nannte man ursprünglich „Koblenz-Schichten". Innerhalb beider werden weitere Gesteinsfolgen unterschieden, die zum Teil nach Orten unserer Gegend benannt sind. So kennen wir im Siegen beispielsweise die Bänderschiefer mit Grauwackenbänken der Kirchener Schichten, etwas darüber die Grauwacken und Bänderschiefer der Betzdorfer Schichten. Im Mittleren Siegen trifft man auf die Wildflasergrauwacke der Seifener Schichten. Im Unter-Ems lagern die Vallendar-, darüber die Nellenköpfchen-Schichten. Im Ober-Ems tragen die Hohenrheiner Schichten ihren Namen nach einer Örtlichkeit bei Lahnstein. Eine bestimmte Schicht des Karbons, die Pericyclus-Stufe (zwischen Tournai und Visé), erhielt die Bezeichnung Erdbachium. Aus naheliegenden Gründen sind alle tektonischen Spezialbildungen nach Ortschaften des betreffenden Gebietes katalogisiert worden und in die Literatur eingegangen.

Die Schichtenfolgen weisen mitunter Gesteine auf, die ganz speziellen Charakter haben und infolgedessen nach ihrem Vorkommen benannt worden sind. Im Unterdevon ist der Ems-Quarzit von landschaftsprägender Bedeutung. Schon 1882 unterschied F. Maurer die „Hohenrheiner Stufe" als Schichtfolge oberhalb der namengebenden Mühle bei Niederlahnstein.

Blaugrüne sandige Schiefer des Oberen Siegen sind die Daadener Schiefer. Wegen ihrer Fossilien wurden die Wissenbacher Schiefer auch bei Liebhabern berühmt. Unterschieden werden die mitteldevonischen Greifensteiner, Günteroder und Ballersbacher Kalke sowie die unterkarbonischen

Erdbacher Kalke. Die „Dillenburger Tuffe" und „Gießener Grauwacken" sind allerdings mittlerweile aus dem Sprachgebrauch ausgeschieden. Die Langenaubacher Tuffbrekzie stellt eine einmalige Erscheinung dar. Selbst die Flussgerölle, die in der Tertiärzeit zu Tal geschleppt und bei uns abgelagert wurden, haben nahe der Lahnmündung einen eigenen Charakter, so dass man von den Arenberger oder Vallendarer Schottern spricht.

11.2 Versteinerungen

Für die Altersbestimmung von Gesteinsschichten können bekanntlich die eingeschlossenen Fossilien von ausschlaggebender Bedeutung sein. Nach dem Siegen benannt wurden die Schnecken *Turbonitella sigana* und *Strophonella sigana*, die vor 1936 als neue Arten an der Unkelmühle bei Eitorf entdeckt worden sind. Neuerdings wurde aus den Seifen-Schichten (Mittleres Siegnium) die Muschel *Cornellites siegeniensis* beschrieben. Im Namen des Armkiemers (Brachiopode) *Rhensselaeria* (*Rhenorhensselaeria*) *confluentina* dienen die „Koblenz-Schichten" als Artbezeichnung. Unschwer ist bei *Homalonotus rudersdorfensis* der namengebende Siegerländer Ort in der Artbezeichnung zu erkennen.

Der bereits erwähnte Greifensteiner Kalk lieh neuerdings einem dort gefundenen Dreilapper (Trilobit) den Namen als *Otarion* (Otarionella) *greifensteinense*. Im Kulm, wie es bei Herborn ansteht, kommt die Muschel *Posidonia becheri* als charakteristisches Fossil vor. Sie ist nach dem Dillenburger Bergrat Johann Philipp Becher (1752–1831) benannt. Herborn ist auch verewigt in dem Namen des Stachelhäuters *Meeckechinus herbornensis* und des „Urkrebses" *Archegonus aequalis herbornensis*, der 1967 am Fundpunkt „Weinberg" entdeckt wurde.

Bei Erdbach lieferte der Aufschluss am „Homberg" wertvolle Funde aus dem Kulm. Der Trilobit *Archegonus* (Phillibole) *hombergensis* erinnert seit 2007 daran. Innerhalb der Erdbach-Kalke haben Neufunde die Einrichtung von zwei jetzt neu beschriebenen Trilobiten-Gattungen veranlasst: *Erdbachaspis* und *Westerwalddiscus poschmanni*, wobei Letzteres zugleich eine neue Art darstellt.

Abb. 124: Die fossile Muschel *Posidonia becheri* im Museum Erdbach

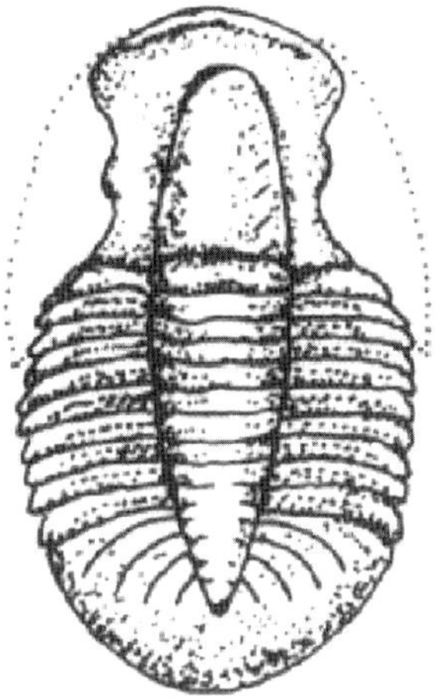

Abb. 125: *Archegonus aequalis herbornensis*, ein „Urkrebs“ aus Herborn

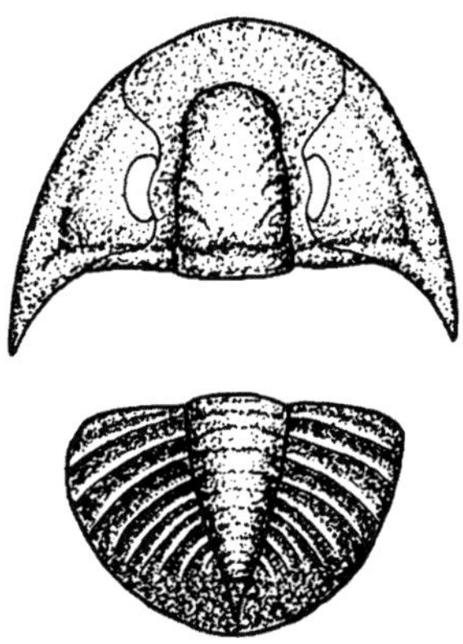

Carbonocoryphe bindemanni

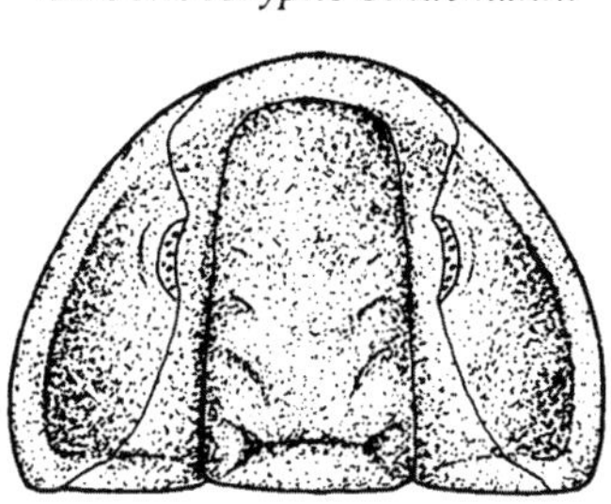

Liobole glabra erdbachensis

Abb. 126: *Carbonocoryphe bindemanni* und *Liobole glabra erdbachensis*, zwei fossile Dreilapper (Trilobiten) aus Erdbach

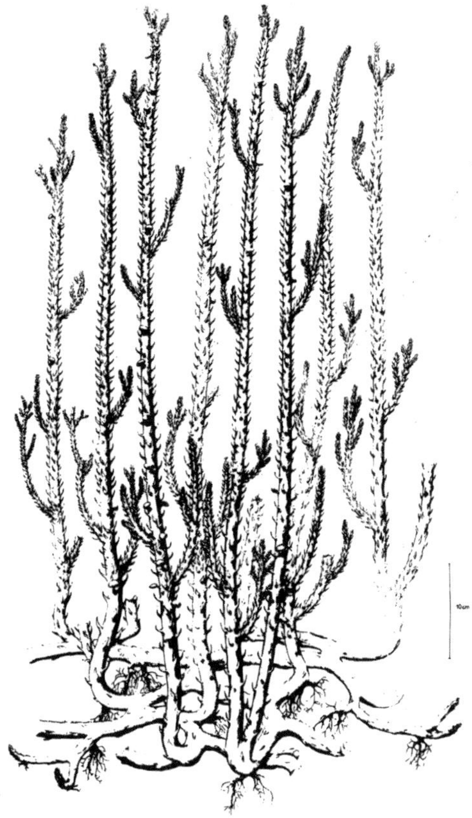

Abb. 127: Die „Hachenburger Pflanze“ (Rekonstruktion nach H.-J. Schweitzer 1983)

Der urzeitliche Schachtelhalm *Archaeophyllum spitzeri* wurde nach dem Herborner Sammler Stephan Spitzer benannt, um den unentbehrlichen Beitrag der Liebhaberforscher für die Wissenschaft zu würdigen, wie der Namengeber Prof. Leistikow ausdrücklich betont hat. Auch der Herborner Diplom-Ingenieur Dr. Wolfdietrich Bindemann (1919–2015) kam auf diese Weise zu nomenklatorischen Ehren. Da ihm der beinahe einmalige Fund des Kauapparates eines fossilen Stachelhäuters am Fundpunkt „Weinberg“ gelang (1938), erhielt 1950 der Trilobit *Carbonocoryphe bindemanni* seinen

Namen. Später wurde auch der Goniatit *Girtyoceras bindemanni* nach ihm benannt. Aus dem Oberdevon des Scheldetales stammt der Dreilapper (Trilobit) *Drevermannia scheldana*, aus dem Unterkarbon von Erdbach *Liobole glabra erdbachensis*. Gleichfalls in der Dill-Mulde wurden die Goniatiten *Crickites scheldensis* und *Monticiceras bickense* festgestellt. Im Stöffel-See lebte während des Tertiärs der Fisch *Palaeorutilus enspelensis*.

Der berühmte Tertiär-Biotop in Rott bei Hennef erscheint ebenfalls in taxonomischen Begriffen. Unter den Funden befinden sich das Rotter Haarmützenmoos (*Polytrichum rottense*) sowie eine noch recht ursprüngliche Riesenschlange vom Typ mittelamerikanischer Zwergboas, die *Rottophis atavus*. Bei der berühmten Stöffel- oder Enspelmaus beließ man es dagegen bei der umgangssprachlichen Bezeichnung.

Bei der „Hachenburger Pflanze" verhält es sich ähnlich. Als *Drepanophycus spinaeformis* ist sie vor allem aus den Wahnbach-Schichten (Emsium) bekannt, wo sie mit anderen Arten jene Epoche dokumentiert, „als die Pflanzen an Land gingen".

11.3 Mineralien

Mehrere Mineralnamen stammen von Fundpunkten im Westerwald. Um den Leser nicht allzu sehr zu beschweren, seien sie in alphabetischer Reihenfolge aufgezählt. Der Dernbachit hatte seinen Namen von der Grube „Schöne Aussicht" bei Dernbach. Den Grundbeleg lieferte allerdings die Grube „Luise" bei Bürdenbach im Kreis Altenkirchen. Sie und nicht Dernbach ist somit die Typlokalität für dieses Mineral, das zunächst nach dem französischen Mineralogen François Sulpice Beudant († 1850) Beu-

Abb. 128: Dernbachit oder Corkit

Abb. 129: Emser Tönnchen

dantit benannt worden ist. Inzwischen hat sich die Bezeichnung Corkit eingebürgert.

Eleonorit ist eine Varietät des Beraunit, die nach der aufgelassenen Brauneisensteingrube Eleonore bei Bieber am Dünsberg benannt wurde. Von dort erhielt auch das Mineral Bieberit seinen Namen. Die Emser Tönnchen sind eine in Bad Ems anzutreffende Kristallform des Pyromorphits.

Der „rubinrote Eisenglimmer" von der Eisenzeche bei Eiserfeld, wurde auf Vorschlag des Pfarrers Heinrich Adolf Achenbach (1765–1819) und des Bergmeisters Johann Daniel Engels (1761–1828), beide aus Siegen, Goethit genannt. Der Dichter notierte: „Wohlwollende Männer vom Westerwald entdecken ein schönes Mineral und nennen es mir zu Lieb und Ehren Goethit". Bekanntlich hat Goethe aus geologischem Interesse das Lahngebiet und den Westerwald bereist und in Holzappel Mineralien gesammelt.

Weitere nach Fundorten des Siegerlandes oder des Lahn- und Dillgebietes gebildete Mineralnamen sind Herbornit, Siegenit und Staffelit.

Fleißige und erfolgreiche Forscher erfahren von Kollegen die Anerkennung in Form von Namensgebungen. Allen voran steht Maximilian Prinz zu Wied (1782–1867), nach dem etwa einhundert Tier- und Pflanzenarten benannt sind. Die Forscher Georg Dahmer und Fritz Drevermann (1875–1932) sind in dem Armkiemer *Meganteris drevermanni* Dahmer, (Terebratulaceae) und der Muschel *Palaeonucula grandaeva* Goldf. var. *dahmeri* Maill. (Taxodonta) verewigt.

Abb. 130: Goethit, auch Brauner Glaskopf oder Nadeleisenerz (Raimond Spekking, wikimedia)

11.4 Pflanzen und Tiere

In der botanischen und zoologischen Nomenklatur begegnet man erwartungsgemäß nur selten einer wissenschaftlichen Bezeichnung mit Bezügen zum Westerwald. Geographische Namen sind eher die Ausnahme, wie die Steinwanze *Cimex vilburgensis*, der an den Aufenthalt des pfälzischen Gelehrten Johann Adam Pollich (1741–1780) in Weilburg (1779) erinnert. In der Regel nennt die Taxonomie Namen von Persönlichkeiten, die damit geehrt werden sollen. Mit schier Unüberbrückbarem liegt hier Maximilian Prinz zu Wied an der Spitze. Etwa einhundert ihm gewidmete zoologische und botanische Art- und Gattungsbezeichnungen kennt die Wissenschaft. Das Genus Neuwiedia und die Artnamen *maximiliana*, *maximiliani*, *maximilianum*, *neovidensis*, *neuwidiana*, *neuwidii*, *wiedi* und *widii* bezeichnen allerdings durchweg überseeische Organismen. Das gilt dann auch für die ostafrikanische Erdorchidee *Habenaria hermannjosefrothii*.

Die Hessenfliege (*Mayetiola destructor* Say, 1817), auch Hessenmücke, Roggengallmücke, Getreideverwüster oder englisch Hessian fly, hat wenigstens indirekt mit dem Westerwald zu tun. Der amerikanische Naturforscher und Gastgeber des Prinzen zu Wied Thomas Say (1787–1843) glaubte nämlich, hessische Söldner hätten im Unabhängigkeitskampf (1775–1783) das Insekt im Stroh ihrer Schlafsäcke in Nordamerika eingeschleppt, von wo der „Schädling" weltweite Verbreitung fand.

11.5 Flur- und Ortsbezeichnungen

Anders als in den Geowissenschaften haben Westerwälder Orte der lebenden Natur keine Namen geliehen, sondern von ihr solche empfangen. Wohl am häufigsten leben Rot- oder Rehwild in Orts- oder Flurnamen fort. Hirsch-Berg, Himmerich, angeblich von Hinde abgeleitet, und die Kitzenhardt wären Belege aus dem Siebengebirge, die Ortschaft Rehe hingegen aus dem Oberwesterwald. Wiederholt tauchen Bezeichnungen wie Tiergarten (Montabaur) und Thierhecke (Siebengebirge) auf an Stellen, an denen tatsächlich Rotwild eingegattert gehalten wurde. „Tier" ist aber auch synonym für „Hirsch" gebraucht worden.

Verbreitet war und ist wohl noch, dass der Volksmund Ortschaften und ihre Einwohner scherzhaft mit Tiernamen belegte oder belegt: zum Beispiel Ameisen (Ometze, Horressen), Bachstelzen (Bachwetze, Bladernheim, Ettersdorf, Reckental, Wirzenborn), Buchfinken (Gackenbach, Horbach, Hübingen: „Buchfinkenland"), Hasen (Hoose, Großholbach), Kröten (Kutte, Holler), Kuckucke (Welschneudorf).

Bei Niederelbert und Arzbach heißt ein Walddistrikt „Wolfsheck" und soll daran erinnern, dass hier der für damals letzte Wolf 1886 erlegt worden ist. Nordwestlich Hellenhahn stammt der Flurname Wiesenerberg von der Wüstung Wiesenfeld. Diese hieß zunächst Wesintfelt (1403, 1416) und Wiesentfelt (1450), was von Wisent (nicht Wiesel!) abgeleitet ist.

Ein Weistum des Forstes Spurkenberg (12. Jh.) bezeichnet mit Elewartin eine Försterhube zwischen Lahn, Gel-, Eis- und Saynbach. Dort werden noch 1479 die Wildhuben erwähnt. Danach sollte der (kur-)trierische Förster mit Hunden zweimal im Jahr mit dem Grafen von Nassau als Waldvogt und dem Herrn von Isenburg, an einer „Warte" (warta) auf den Elch ansitzen.

Häufiger haben Pflanzennamen, vornehmlich Bäume, ihren Niederschlag in Ortsbezeichnungen gefunden. Endungen auf -holz, -hard, -busch, -büschen, -heid, -haid oder -hecken erinnern an einstige Rodungstätigkeit, weshalb dieser Begriff in vielen Varianten (Rod, Roth, Rott oder als entsprechende Endung) auffallend oft auftritt. Nicht selten ist auch der einst vorherrschende Baumbestand erkennbar in Ortsnamen († = Wüstung): † Birken bei Kirburg; † Birkenmühle bei Hausen (Kreis Limburg); † Buchen bei Lochum; † Königsbuch bei Driedorf; † Habuch bei Hadamar; Dornburg und Dorndorf; Malmeneich; Ellar; Erlenhof; Nieder- und Obererbach; Ehrlich; Erbach; Erlenbehang (zu Langenbach); Schönerlen; Eschenau und Eschelbach; † Haselau (Unterlahn) und Hasselbach.

Heisterbach und † Heistern (zu Niedersayn) leitet sich vom mittelhochdeutschen heister ab und bezeichnet einen jungen Eichen- oder Buchenstamm. Bei Holler war der Holderstrauch oder Holunder namengebend. Es bleiben Linden und Lindenberg (zu Obererbach) sowie Weidenhahn (um 1200 Weidenhagen), Wied, Alt- und Neuwied, denen die Weide (wida) den Namen lieh. Seelbach (†) bei Hilgert kommt von Salweide.

Früherer Weinbau schließlich hat seine Spuren im Ortsnamen Weinähr (Weynähr) hinterlassen. Am Schlossberg zu Montabaur lautet ein historischer Straßenname Rebstock.

12

Naturkundliche Literatur zum Westerwald

Die Zusammenstellung hält Belege für die Aufsätze des Buches bereit. Sie folgt dabei den Empfehlungen der Autoren, was kapitelweise kleine Unterschiede in der Zitierweise erklärt. Aus Platzgründen mussten außerdem Abkürzungen verwendet und vertretbare Streichungen vorgenommen werden. Für wissenschaftliche Zwecke ist also Einsichtnahme in die Originale ratsam. Somit liegt hier keine Bibliographie im strengen Sinne vor. Vielmehr orientiert sich die Auflistung an älteren Versuchen dieser Art, insbesondere an „Planaria 3", die bisher als einzige den gesamten Raum und alle relevanten Disziplinen erfasst hat. Infolgedessen sind mit wenigen Ausnahmen nur Veröffentlichungen seit Erscheinen im Jahr 1989 aufgenommen worden.

Bibliographien

Fülling, H.-P. (1976): Bibliographie der geologischen Literatur des bergischen Landes und angrenzender Gebiete. Krefeld.

Hüser, K. (1973): Die tertiärmorphologische Erforschung des rheinischen Schiefergebirges. Ein kritischer Literaturbericht. - Karlsruher Geogr. Schr. **5**: 42–45, 115–116. Karlsruhe, TH.

Jungbluth, J. H. & R. Bürk (1976): Bibliographie der Arbeiten über die Mollusken in Hessen. - Philippia **3**: 122–155.

Jungbluth, J. H. & R. Bürk (1985): Bibliographie der Arbeiten über die Mollusken in Hessen. I. Nachtrag. - Philippia **V/3**: 265–293.

Kasperek, G. (1909): Bibliographischer Nachweis botanischer Literatur über Hessen. Stand und Perspektiven - Hess. Florist. Br. **58** (3/4): 33–45.

Kutzelnigg, H. & G. Friedrich (1981): Bibliographie der botanischen Literatur des Rheinlandes (NRW). Farn- und Blütenpflanzen. - Decheniana **134**: 1–27 [Nachtrag 1983 → Roth].

Roth, H. J (1989): Naturkundliche Bibliographie des rechtsrheinischen Schiefergebirges zwischen Lahn und Sieg. - Planaria **3**: 1–202. Overath. ISSN 0931-3737.

Roth, H. J. (1995): Bibliographie Westerwald. - Werkstatt-Beiträge zum Westerwald **1**: 9–25 (Naturkunde). Montabaur, Westerburg.

Wittenberger, G. (2009): Schriften zur Flora von Hessen. - Hess. Florist. Br. **58**(3/4): 57–61.

Zeitschriften

Charadrius. Zeitschrift f. Vogelkunde, Vogelschutz u. Naturschutz in NRW [2010 = 46. Jg.] - ISSN 0174-1004

Decheniana. Veröff. d. Naturhistorischen Vereins d. Rheinlande u. Westf. [2010 = 163. Jg.] - ISSN 0366-872 X

Hessische Floristische Briefe, Darmstadt [2010 = 59. Jg.] - ISSN 0439-0687

Vögel und Umwelt. Zeitschrift f. Vogelkunde u. Naturschutz in Hessen [2010 = Bd. 18] - ISSN 0173-0266

Kartenblätter TK50

Westerwald L5310/12/14/16, L5512/14/16, L5712/14/16

Kruse, H. (Koord.): Bundesanst. f. Geowiss. u. Rohstoffe (Hrsg.): Bodenatlas Deutschland – Böden in thematischen Karten 1/2016.

Allgemeines zur Landschaft

Adolphi, K. & Kremer, B. P. (2016): Naturerlebnis Fockenbachtal. Unterwegs im schönsten Seitental der Wied. – Heimat-Jahrbuch 2017 des Landkreises Neuwied, S. 306–316.

Adolphi, K. & Kremer, B. P. (2017): Die Wied – ein kleines naturkundliches Flussporträt. – Heimat-Jahrbuch 2018 des Landkreises Neuwied, S. 323–335.

Gränitz, F. (Hrsg.) (2003): Das mittelrheinische Becken. Eine landeskundliche Bestandsaufnahme im Raum Andernach, Bendorf, Koblenz, Mayen, Mendig, Münstermaifeld und Neuwied. – Landschaften in Deutschland **65**: 1–345 S.; Köln, Weimar, Wien: Böhlau.

Kremer, B. P. (1985): Der Mittelrhein. Mittelrheinisches Becken und unteres Engtal. – Rhein. Landschaften **26**; 1-35; Neuss.

Kremer, B. P. (2005): Zwischen Sayn und Siebengebirge: Der Naturpark Rhein-Westerwald. – Rhein. Landschaften **55**; Köln.

Kremer, B. P. (Hrsg.) (2008): Naturführer Bonn und Umgebung. Landschaft, Naturschutz, Ökologie. 2. Aufl. Bonn.

Kremer, B. P. (2009): Das Siebengebirge, eine Schatzkammer der Geo- und Biodiversität. – Koenigiana **3**(1): 3–18.

Kremer, B. P. (2009): Die Exkursion: Das Siebengebirge im Saum der Großlandschaften. – Biologie in unserer Zeit **39**: 410–416.

Kremer, B. P. (2019): Naturpark mit Weitblick. Landschaft verstehen, erleben, entdecken. Selbstverlag. Naturparkverwaltung Rhein-Westerwald, Neuwied.

Kremer, B. P. & Adolphi, K. (2015): Unsere heimische Landschaft vor 200 Jahren. – Heimat-Jb. 2016 des Landkreises Neuwied, S. 68–77.

Kremer, B. P., Fischer, E. & Roth, H. J. (1997): Das Kannenbäckerland. Bedeutende Kulturlandschaft im Vorderen Westerwald. – Rhein. Landschaften **46**; Neuss.

Kremer, B. P. & Roth, H. J. (2004): Das Untere Lahntal zwischen Limburger und Mittelrheinischem Becken. – Rhein. Landschaften **53**; Köln.

Kremer, B. P. & Roth, H. J. (2006): Mittelrheinische Geotope, zu ihrer Inventarisierung im nördlichen Rheinland-Pfalz mit besonderer Berücksichtigung des Westerwaldes. – Pollichia-Kurier **22**(2): 9–13.

Roth, H. J. (1984): Die Westerwälder Seenplatte. – Rhein. Landschaften **2**; Neuss.

Roth, H. J. (1991): Die Landschaft des Westerwaldes. In: Westerwald-Verein (Hrsg.), Gr. Westerwaldführer, S. 21–94. – Montabaur.

Roth, H. J. (1994): Siebengebirge. – Rhein. Landschaften **13**; Neuss.

Roth, H. J. (1995): Der Westerwald. Land zwischen Rhein, Lahn und Sieg. Begleitheft zum gleichnamigen Film. Geschichts- und Kulturwerkstatt Westerwald. Montabaur, Westerburg.

Roth, H. J. (1996): Pflanzen- und Tierwelt. In: Hucke, H.-J., Großer Westerwald Führer, S. 41–49; Westerwald-Verein, Montabaur.

Geologie

(siehe auch unter Paläontologie)

Ahrendt, H., Hunziker, J. C. & Weber, K. (1978): K/Ar-Altersbestimmungen an schwachmetamorphen Gesteinen des Rheinischen Schiefergebirges – Z. dt. geol. Ges. **129**: 229–247, Hannover.

Ahrendt, H., Clauer, N., Hunziker, J.C. & Weber, K. (1983): Migration of folding and metamorphism in the Rheinisches Schiefergebirge deduced from K-Ar and Rb-Sr age determinations. In: Martin, H. & Eder, F.W. (eds), Intracontinental fold belts. Case Studies in the Variscan Belt of Europe and the Damara Belt in Namibia. Springer, Berlin Heidelberg New York, pp. 323–338.

Becker, A. & Kirnbauer, T. (1998): Zur Gewinnung und Verwendung des Lahnmarmors. - Jb. nass. Ver. Naturkde., Sb. **1**: 237–244, Wiesbaden.

Bender, P. (1997): Paläozoikum der Bickener und Wildestein-Schuppe. In: Bender, P., Lippert, H.-J. & Nesbor, H.-D. (Hrsg.): Erläuterungen zur GK von Hessen 1:25 000, Blatt-Nr. 5216 Oberscheld, S. 91–111, Hess. Landesamt Bodenforschung, Wiesbaden.

Bender, P. (2006): Geologische Karte der Hörre (zwischen Dill und Lahn) und der Frankenbacher Schuppenzone, 1:40 000. Hess. Landesamt Umwelt Geologie, Wiesbaden.

Bender, P. & Nesbor, H.-D. (2017): Geologische Karte Hessen 1:25 000 (GK25), Blatt 5216 Oberscheld; Bl. 5217 Gladenbach, Wiesbaden.

Bender, P., Lippert, H.-J. & Nesbor, H.-D. (1997): Erl. Geol. Kt. Hessen 1:25 000. 421 S., 41 Abb., 28 Tab., 2 Beibl.; Wiesbaden.

Birkelbach, M., Dörr, W., Franke, W., Michel, H. Stibane, F. & Weck, R. (1988): Die geologische Entwicklung der östlichen Lahnmulde (Exkursion C am 7. April 1988). – Jber. Mitt. oberrhein. geol. Ver., N.F. **70**: 43–74, Stuttgart.

Dörr, W. (1990): Stratigraphie, Stoffbestand und Fazies der Gießener Grauwacke. – Geol. Abh. Hessen **91**: 1–94, Wiesbaden.

Eckelmann, K., Königshof, P., Linnemann, U. & Nesbor, H. D. (2012): Kontinente auf Wanderschaft. Ein geologisches Puzzle am Ostrand des Rheinischen Schiefergebirges. - Senckenberg – Natur Forschung Museum **142**(1/2): 18–23, Frankfurt/M.

Eckelmann, K., Nesbor, H.-D., Königshof, P., Linnemann, U.-G., Hofmann, M., Sagawe, A., & Lange, J.-M. (2014): Plate interactions of Laurussia and Gondwana during the formation of Pangaea - Constraints from U-Pb LA-SF-ICP-MS detrital zircon ages of Devonian and Early Carboniferous siliciclastics of the Rhenohercynian zone, Central European Variscides. - Gondwana Research **25**(4): 1484–1500; Amsterdam (Elsevier).

Erben, H. K. (1962): Zur Analyse und Interpretation der Rheinischen und Hercynischen Magnafazies des Devons - Symposium Silur/Devon-Grenze, 1960: 42–61; Stuttgart (Schweizerbart).

Felix-Henningsen, P. (1990): Die mesozoisch-tertiäre Verwitterungsdecke (MTV) im Rheinischen Schiefergebirge. Aufbau, Genese und quartäre Überprägung. – Relief, Boden, Paläoklima **6**: IX , 1–192; Berlin, Stuttgart (Borntraeger).

Flick, H. (1984): Kristallisation des Quarzes in kieselsäurereichen Schmelzen – Möglichkeiten seiner Verwendung als geologisches Thermometer und Barometer, insbesondere für Vulkanite. – Habil. Heidelberg, 135 S.; Heidelberg. [Ms.]

Flick, H. (2010): Lahn-Dill-Gebiet. Riffe, Erz und edler Marmor. – Streifzüge durch die Erdgeschichte, 116 S.; Wiebelsheim (Quelle & Meyer, Ed. Goldschneck).

Flick, H. (2013): Das Rheinische Schiefergebirge, eine geologische Geschichte. – Aufschluss **64**: 208–237; Heidelberg.

Flick, H. & Flick, U. (2017): Der Boden unter unseren Füßen. – Ballersbacher Bl. 2017: 85–104, 22 Abb.; Ballersbach.

Flick, H. & Nesbor, H.-D. (1988): Der Vulkanismus in der Lahnmulde. – Jber. Mitt. oberrh. geol. Ver., N.F., **70**: 411–475; Stuttgart.

Flick, H. & Nesbor, H.-D. (1990): Paläozoischer Vulkanismus. In: Requadt, H., Erl. geol. Kt. RLP 1:25 000, Bl. 5613 Schaumburg: 34–43, 61–65, 72–84, Abb. 6–10, 16 u. 23–32; Mainz.

Flick, H., & Schmidt, J. (1987): Eine Vulkaninsel mit Saumriff im Devon des südlichen Rheinischen Schiefergebirges. – Facies **17**: 67–71; Erlangen.

Flick, H., Nesbor, H.-D. & Behnisch, R. (1990): Iron ores of the Lahn-Dill type formed by diagenetic seeping of pyroclastic sequences – a case study on the Schalstein section at Gänsberg (Weilburg). – Geol. Rdsch. **79**: 401–415; Stuttgart.

Franke, W. (2000): The mid-European segment of the Variscides: tectonostratigraphic units, terrane boundaries and plate tectonic evolution. In: Franke, W., Haak, V., Oncken, O. & Tanner, D. (eds.), Orogenic Processes: Quantification and Modelling in the Variscan Belt. Geol. Soc. London, Special Publ. **179**(1): 35–61.

Franke, W. (2007): Paläogeographie und Tektonik des autochthonen Lahngebietes (Exkursion C am 12. April 2007). – Jb. Mitt. oberrh. geol. Ver., N.F., **89**: 151 165; Stuttgart.

Germann, K. & Parekh, P. P. (1981): Eigenschaften und Entstehung der „Lahn-Phosphorite". – Z. dt. geol. Ges. **132**: 305–323; Hannover.

Kegel, W. (1953): Das Paläozoikum der Lindener Mark bei Gießen. – Abh. Hess. L.-A. Bodenforsch. **7**: 1–55; Wiesbaden.

Kegler, J. (1957): Die Gaudernbacher Schichten (westliche Lahnmulde, Rheinisches Schiefergebirge). – Ber. Oberhess. Ges. Natur- u. Heilkde. Gießen, N.F., Naturwiss. Abt. **35**: 23–37; Gießen.

Kirnbauer, T. (1991): Geologie, Petrographie und Geochemie der Porphyroide des Unteren Ems/Unterdevon (Porphyroide) im südlichen Rheinischen Schiefergebirge. - Geol. Abh. Hessen **92**: 1–228; Wiesbaden.

Kirnbauer, T. (1998a): Synorgene Mineralisationen. In: Kirnbauer, T. (Hrsg.), Geologie und hydrothermale Mineralisationen im rechtsrheinischen Schiefergebirge. Jb. Nass. Ver. Naturkde., Sb. **1**: 146–150; Wiesbaden.

Kirnbauer, T. (1998b): Phosphorit. In: Kirnbauer, T. (Hrsg.), Geologie und hydrothermale Mineralisationen im rechtsrheinischen Schiefergebirge. Jb. Nass. Ver., Sb. **1**: 216–226; Wiesbaden.

Kirnbauer, T. (1998c): Eisenmanganerze des Typs. In: Kirnbauer, T. (Hrsg.), Geologie und hydrothermale Mineralisationen im rechtsrheinischen Schiefergebirge. Jb. Nass. Ver. Naturkde., Sb. **1**: 209–216; Wiesbaden.

Kirnbauer, T. & Hucko, S. (2011): Hydrothermale Mineralisation und Vererzung im Siegerland. – Aufschluss **62**: 257–296; Heidelberg.

Klein, E. (2008): Der „Große Stein" bei Holzhausen (Westerwald) – eine geologisch-geomorphologische Beschreibung. - Decheniana **161**: 87–91.

Königshof, P. (2007): Mittel- bis oberdevonische Riffkarbonate in der Lahnmulde (südliches Rh. Schiefergebirge), (Exkursion H am 13. April 2007). – Jb. Mitt. oberrh. geol. Ver., N.F., **89**: 261–272; Stuttgart.

Königshof, P., Nesbor, H.-J. & Flick, H. (2010): Volcanism and reef development in the Devonian: a case study from the Lahn syncline, Rheinisches Schiefergebirge (Germany). – Gondwana Research **17**: 264–280; Amsterdam.

Kossmat, F. (1927): Gliederung des varistischen Gebirgsbaues. – Abh. sächs. geol. L.-A., **1**: 1–39; Leipzig.

Kraus, D. (2017): Die Eroberung der Finsternis. Höhlenforschung zwischen Breitscheid und Erdbach. Hrsg. Landesverband f. Höhlen- u. Karstforsch. Hessen; Westernohe (Schriftgut Kultur & Medien).

Kröll, R. (2010): Mofetten im Rhein beim Hammersteiner Werth und in der Wied bei Datzeroth. – Mainzer geowiss. Mitt. **38**: 61–71.

Lang, R. & Frost, W. (2007): Basaltsäulen wie sie schöner nicht sein können - Der Basaltkegel „Druidenstein" bei Kirchen/Sieg. In: Look, E.-R. & Quade, H., Faszination Geologie. Die bedeutendsten Geotope Deutschlands, S. 108–109; Stuttgart (Schweizerbart).

Leischner, W. (2011): Zur Erdgeschichte im rechtsrheinischen Bonn: Mit seinen Naturlagerstätten, Geotopen, Natur- und Bodendenkmalen. Siegburg (Rheinlandia).

Lippert, H.-J. & Flick, H. (1998): Vulkano-sedimentäre Roteisenerze vom Lahn-Dill-Typ. In: Kirnbauer, T. (Hrsg.), Geologie und hydrothermale Mineralisationen im rechtsrheinischen Schiefergebirge. Jb. Nass. Ver. Naturkd., Sb. **1**: 121–128; Wiesbaden.

Lippert, H.-J. & Solle, G. (1953): Profil durch die Dillmulde von Haiger bis Herbon. – Z. dt. Geol. Ges. **104**: 292–303; Hannover.

Lippert, H.-J., Hentschel, H. & Rabien, A. (1970): Erläuterungen geol. Kt. Hessen 1:25000, Bl. 5215 Dillenburg. 550 S.; Wiesbaden.

Lorenz, V. (2005): Tertiärer Vulkanismus des Westerwaldes. In: L.-A. Geologie und Bergbau RLP (Hrsg.), Geologie von Rheinland-Pfalz, S. 233–237; Stuttgart (Schweizerbart).

Mälzer, H., Hein, G. & Zippeln, K. (1983): Height Changes in the Rhenish Massif: Determination and Analysis. In: Fuchs, K., Gehlen, K. v., Mälzer, H., Murawski, H. & Semmel, A. (Eds.), Plateau Uplift. The Rhenish Shield - A Case History, pp. 164–176; Berlin, Heidelberg (Springer).

Moe, A. (2000): Structural development of a volcanic sequence of the Lahn area during the Variscan orogeny in the Rhenohercynian belt (Germany). – Diss. Heidelberg, 170 S.; Heidelberg [Mskr.]

Nesbor, H.-D. (1997): Petrographie der vulkanischen Gesteine. In: Bender, P., Lippert, H.-J. & Nesbor, H.-D., Erl. geol. Kt. Hessen 1:25000, Bl. 5216 Oberscheld: 159–207, Abb. 8–14, Tab. 16–18; Wiesbaden.

Nesbor, H.-D. (2004): Paläozoischer Intraplattenvulkanismus im östlichen Rheinischen Schiefergebirge. Magmenentwicklung und zeitlicher Ablauf. – Geol. Jb. Hessen **131**: 145–182; Wiesbaden.

Nesbor, H.-D., Buggisch, W., Flick, H., Horn, M. & Lippert. H.-J. (1993): Vulkanismus im Devon des Rhenoherzynikums. Fazielle und paläogeographische Entwicklung vulkanisch geprägter mariner Becken am Beispiel des Lahn-Dill-Gebietes. – Geol. Abh. Hessen **98**: 3–87; Wiesbaden.

Raumer, J. v. & Stampfli, G. M. (2008): The birth of the Rheic Ocean. Early Palaeozoic subsidence patterns and subsequent tectonic plate scenarios. - Tectonophysics **461**(1-4): 9–20.

Raumer, K. v. (1815): Das Schiefergebirge des nordwestlichen Deutschlands, der Niederlande und des nordöstlichen Frankreichs: Ein geognostischer Versuch. 136 S.; Berlin (Realschulbuchhandlung).

Ribbert, K.-H. (2010): Geologie im Rheinischen Schiefergebirge. Teil 1: Nordeifel. 184 S.; Krefeld (Geol. Dienst NRW).

Schäfer, P. (2005): Tertiäre Ablagerungen im Westerwald. – In: L.-A. Geologie und Bergbau RLP (Hrsg.): Geologie von Rheinland-Pfalz, S. 226–230; Stuttgart (Schweizerbart).

Schindler, E., Brocke, R., Becker, R. T., Buchholz, P., Jansen, U., Luppold, F. W., ... Wexer, D. (2018): Das Devon in der Stratigraphischen Tabelle von Deutschland 2016. – Z. dt. Ges. Geowiss. **168**: 447–463; Stuttgart.

Schindler, T. (2011): Das Tertiär des Westerwaldes. Paläogeografie, Fossilien und neue Forschungsansätze. – Aufschluss **62**: 241–256; Heidelberg.

Schmincke, H.-U. (1988): Devonischer und karbonischer Vulkanismus bei Dillenburg und Herbornseelbach (Exkursion F am 8. April 1988). – Jb. Mitt. oberrh. geol. Ver., N.F. **70**: 99–140; Stuttgart.

Servais, T., Dzik, J., Fatka, O., Heuse, T., Vecoli, M. & Verniers, J. (2008): Ordovician. In: McCann, T. (Ed.), The Geology of Central Europe, Vol. 1: Precambrian and Palaeozoic. Geological Society, pp. 203–248; London.

Schreiber, U. (1996): Tertiärer Vulkanismus des Westerwaldes. In: Thein, J. & Schäfer, A. (Hrsg.), TERRA NOSTRA, Exkursionsführer 148. Hauptversammlung der DGG, S. 187–212.

Stets, J. & Schäfer, A. (2002): Depositional Environments in the Lower Devonian Siliciclastics of the Rhenohercynian Basin (Rheinisches Schiefergebirge, W-Germany). Case Studies and a Model. – Contr. Sed. Geol. **22**: IV, 1–78.

Stets, J. & Schäfer, A. (2009): The Siegenian delta: land-sea transitions at the northern margin of the Rhenohercynian Basin. In: Königshof, P. (Ed.): Devonian Change: Case Studies in Palaeogeography and Palaeoecology. Geological Society, Spec. Publ. **314**: 37–72; London.

Stets, J. & Schäfer, A. (2011): The Lower Devonian Rhenohercynian Rift – 20 Ma of sedimentation and tectonics (Rhenish Massif, W-Germany). – Z. dt. Ges. Geowiss. **162**: 93–115.

Stolz, Ch. & Grunert, J. (2008): Deckschichten, Auenlehme und Kolluvien im Hohen Westerwald. – Jb. nass. Ver. Naturkde. **129**: 117–131.

Struve, W. (1992): Neues zur Stratigraphie und Fauna des rhenotypen Mittel-Devon. – Senckenbergiana Lethaea **71**(5-6): 503–624.

Thews, J.-D. (1996): Erläuterungen zur Geologischen Übersichtskarte von Hessen 1:300 000, Teil 1: Abh. Hessen. Wiesbaden.

Vierschilling, A. (1910): Die Eisen- und Manganerzlagerstätten im Hunsrück und im Soonwald. – Z. prakt. Geol., Jg. 18: 393–431; Berlin [Diss. TH Aachen]

Wierich. F. (1999): Orogene Prozesse im Spiegel synorogener Sedimente. Korngefügekundliche Liefergebietsanalyse siliziklastischer Sedimente im Devon des Rheinischen Schiefergebirges – Marburger Geowiss., **1**: 1–224; Marburg.

Wierich, F. (2006): Die Mitteldeutsche Kristallinschwelle. In: Stratigraphie von Deutschland VI. Unterkarbon (Mississippium). SDGG **41**: 585–590; Hannover.

Zeh, A. & Gerdes, A. (2010): Baltica- and Gondwana derived sediments in the Mid-German Crystalline Rise (Central Europe): Implications for the closure of the Rheic Ocean Gondwana Rcs. **17**: 254–263; Amsterdam.

Weddige, K. (Hrsg.) (1996, 1998): Devon-Korrelationstabelle. – Senckenbergiana Lethaea **76**, **77**; Frankfurt/M.

Paläontologie

Altmeyer, H. (1979): Prototaxiten im Emsquarzit. - Grondboor & Hamer **4**: 134–135.

Basse, M. & Müller, P. (1998): Devon-Trilobiten aus dem Lahn-Dill-Gebiet. – Fossilien **1**(3/4): 325–336; Stuttgart.

Basse, M. & Müller, P. (2000): *Illaenula struvei* n. sp. aus Wissenbach-Schiefern der Dill-Mulde. – Senckenbergiana Lethaea **7**(2): 441–457; Frankfurt/Main.

Basse, M. & Müller, P. (2004): Eifel-Trilobiten III. *Corynexochida, Proetida* (2), *Harpetida, Phacopida* (2), *Lichida*. – S. 1–261; Wiebelsheim (Quelle & Meyer).

Flick, U. (1999): Die Trilobiten von Greifenstein/Hörre. Ableger einer böhmischen Fauna im Rheinischen Schiefergebirge. – Jb. nass. Ver. Naturkde. **120**: 23–50; Wiesbaden.

Heidelberger, D. (2000): Mitteldevonische (Givetische) Gastropoden (*Mollusca*) aus der Lahnmulde (südl. Rh. Schiefergebirge). – Geol. Abh. Hessen **106**: 1–291; Wiesbaden.

Heidelberger, D. & Amler, M. R. W. (2005): Mollusken aus dem mitteldevonischen Riff vom Hermannstein bei Wetzlar. – Hessen Archäologie 2004: 11–14; Stuttgart (Theiss).

Herrmann, M., Ashraaf, A. R., Uhl, D. & Mosbrugger, V. (2009): Die oberoligozäne Palynoflora der Bohrung Enspel 1996/1 (Westerwald, West-Deutschland), Teil 1: Sporen und Gymnospermen. – Mainzer geowiss. Mitt. **37**: 33–76.

Herrmann, M., Ashraaf, A. R., Uhl, D. & Mosbrugger, V. (2010): Die oberoligozäne Palynoflora der Bohrung Enspel 1996/1 (Westerwald, West-Deutschland), Teil 2: Angiospermen und Paläökologie. – Mainzer geowiss. Mitt. **38**: 9–60.

Jungheim, H. J. (1986): Fossilien aus dem Rheinischen Mitteldevon, 96 S.; Köln.

Karl, H.-V. & Wettlaufer, M. (2011): Eine Bachschildkröte (*Testudines: Geoemydidae*) aus dem Oberoligozän von Enspel (Westerwald, Rheinland-Pfalz). – Mainzer naturwiss. Archiv **48**: 171–186.

Koenigswald, W. v. & Meyer, W. (Hrsg.) (1994): Erdgeschichte im Rheinland: Fossilien und Gesteine aus 400 Millionen Jahren, S. 57–70; München (Pfeil).

Köhler, J. & Uhl, D. (2014). Die Blatt- und Karpoflora der oberoligozänen Fossillagerstätte Enspel (Westerwald, Rheinland-Pfalz). – Mainzer naturwiss. Archiv, Beih. **35**: 1–87.

Müller, P. (1995): Fossile Stachelhäuter im Westerwald. – Jb. Westerwald-Kreis **1990**: 95–98; Montabaur.

Müller, P. (1996): Fossile Stachelhäuter im Westerwald. – Jb. Westerwald-Kreis **1996**: 69–71; Montabaur.

Müller, P. (1997): Fossillagerstätten im Westerwald. – Westerburger H. **25**: 1–52.

Müller, P. (2011): Fossilien aus dem Westerwälder Devon und Karbon. – Aufschluss **62**: 219–239; Heidelberg.

Müller, P. & Amler, M. R. W. (2006): Devonische Fossilien aus dem Profil Haiger-Hütte. – Hessen Archäologie 2005: 11–13; Mainz.

Müller, P. & Hahn, G. (2010): Edrioasteroidea aus den Seifen-Schichten des Westerwaldes (Unter-Devon), Teil 1. – Geologica et Palaeontologica **43**: 83–91; Marburg.

Müller, P. & Hahn, G. (2018): Die Trilobiten der Erdbach-Kalke von Erdbach (Hessen) und die der „Phillipsien-Bank" im Raum Warstein (Nordrhein-Westfalen), sowie eine Revision der Cystispininae (mittleres Mississippium). - Abh. Senckenberg Ges. Naturforsch. **574**: 1–237.

Paläontologischer Arbeitskreis Koblenz (1992): Spuren des Lebens. Fossilien von Rhein und Mosel, 179 S.; Koblenz.

Poschmann, M. (2008): Ein außergewöhnlicher Seeskorpion-Fund (Chelicerata: Eurypterida) aus dem Unterdevon des Westerwaldes. – Mainzer naturw. Archiv **46**: 81–88.

Westerwald: Teillandschaften und Morphologie

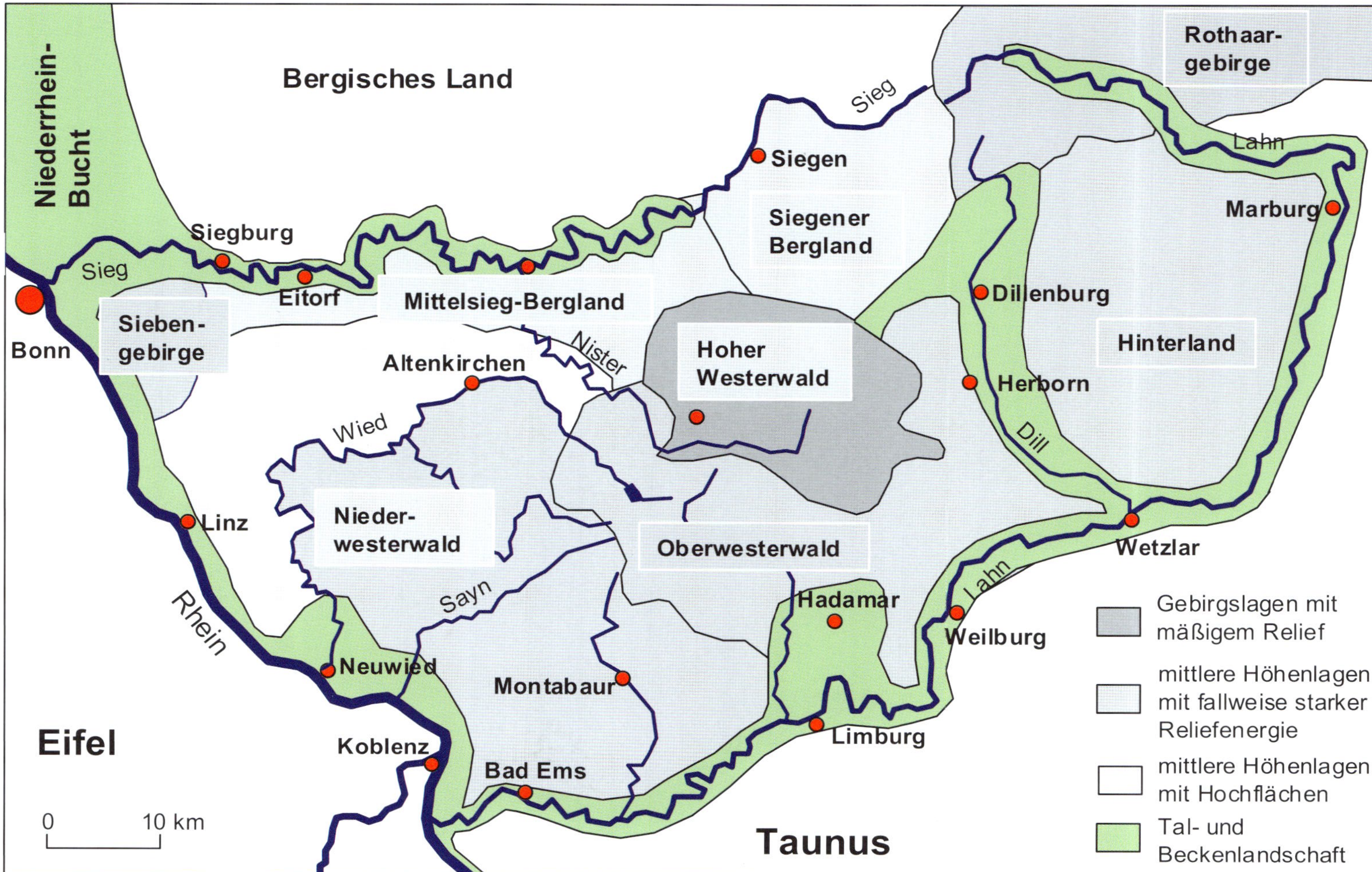

Westerwald: Politische Grenzen

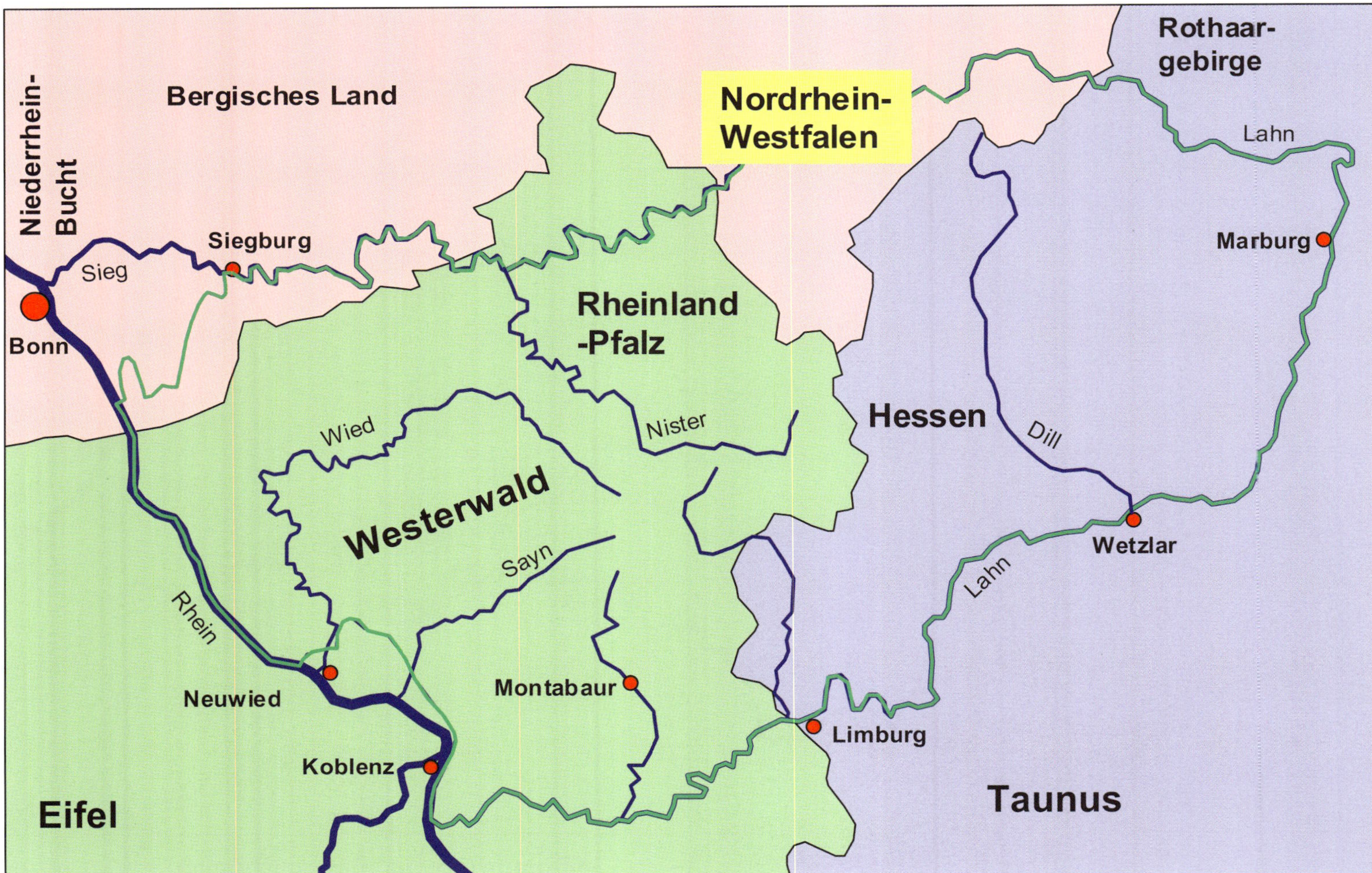

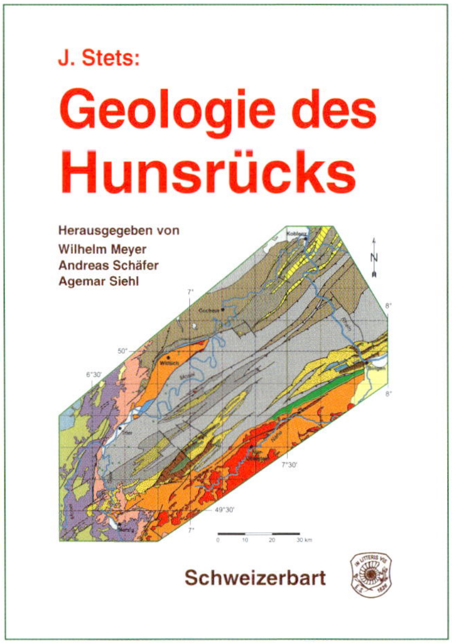

Johannes Stets:

Geologie des Hunsrücks

Hrsg.: Wilhelm Meyer, Andreas Schäfer, Agemar Siehl

2021. XVI, 792 S., 30 Abb., 33 Fotos, 18 x 25 cm
ISBN 978-3-510-65522-9, gebunden
119,– €

www.schweizerbart.de/9783510655229

Das vorliegende Buch beschreibt die vielfältige Geologie des Hunsrücks zwischen Koblenz und Trier sowie Bingen und Merzig auf Basis des aktuellen geologischen Kenntnisstandes von 2020.

Der Hunsrück, ein Höhenzug im Süden des linksrheinischen Schiefergebirges, besteht überwiegend aus Tonschiefern, Sandsteinen und Quarziten des Unterdevons. Jüngere paläozoische Gesteine finden sich nur am Nordwestrand und nahe dem Südostrand. Hier treten in einem schmalen Streifen gering metamorphe Schichten zutage: in kleinen Schuppen sind stärker metamorphe Gesteine aus dem vordevonischen Untergrund in die Schichtenfolge eingeschoben. Das berühmte Profil entlang des Mittelrheins zwischen Bingen und Koblenz wird ausführlich dargestellt, ebenso die rechte, zum Taunus gehörige Talseite. Neue Daten zur Schichtenfolge im Hunsrück werden hier vorgestellt und in die plattentektonischen Vorstellungen eingepasst. Der Fossilinhalt des Hunsrücks, darunter die berühmte Fauna aus den Dachschiefern (Hunsrückschiefer, Bundenbacher Schiefer), wird dokumentiert und daraus die Ablagerungsbedingungen der Sedimente rekonstruiert.

Auch die zahlreichen Gangerzvorkommen werden beschrieben. Die das alte Gebirge randlich überdeckenden Gesteine des Rotliegenden, der Trias und des Tertiärs werden ebenfalls behandelt, desgleichen die Täler mit ihren Terrassen und die Entstehung der heutigen Landschaft bis hin zu eiszeitlichen Schuttströmen und Vermoorungen.

Mit der „Geologie des Hunsrücks“ erscheint erstmalig ein umfassendes Standardwerk, das sich sowohl an Fachleute in Forschung und Verwaltung als auch an alle geologisch Interessierten richtet.

Schweizerbart Johannesstraße 3A, 70176 Stuttgart, Germany
Tel. +49(711)351456-0 Fax. +49(711)35145699
order@schweizerbart.de www.schweizerbart.de